LE PÈLERINAGE
DE
CHILDE-HAROLD
DE LORD BYRON

Traduit en vers d'après l'édition anglaise de 1812,

PRÉCÉDÉ DE

MARIE-MAGDELEINE

POÈME

& DE DIVERSES POÉSIES

Par Victor-Robert **JONES**.

SAINT-QUENTIN.
Typographie de Jules MOUREAU, Place de l'Hôtel-de-Ville, 7.
1862.

LE PÈLERINAGE

DE

CHILDE-HAROLD

ET

DIVERSES POÉSIES.

LE PÈLERINAGE

DE

CHILDE-HAROLD

DE LORD BYRON

Traduit en vers d'après l'édition anglaise de 1812,

PRÉCÉDÉ DE

MARIE-MAGDELEINE

POÈME

ET DE DIVERSES POÉSIES

Par Victor-Robert JONES.

SAINT-QUENTIN.
Typographie de Jules MOUREAU, Place de l'Hôtel-de-Ville, 7.
1862.

A SA MAJESTÉ

L'EMPEREUR NAPOLÉON III.

A SA MAJESTÉ

L'EMPEREUR NAPOLÉON III.

Monarque du progrès, toi dont le nom réveille

Tant d'échos glorieux ! daigne prêter l'oreille

A l'aveugle inconnu, car mes yeux sont voilés ;

Mais tes faits éclatants m'ont été révélés.

Je ne te dirai point d'inutiles paroles ;

Tu fuis les vains propos et les hommes frivoles.

Veillant à nos destins, au sol qui nous nourrit,

Tes jeux sont les labeurs, les grands travaux d'esprit.

Dieu qui sur l'avenir étend sa prévoyance,

Avait fixé sur toi ses décrets en silence,

Pour opposer ton sceptre aux folles passions

Que portent dans leur sein les révolutions.

Où sont donc les rêveurs et leurs promesses vaines?
Les hommes de parti, fomentateurs de haines,
Qui, parlant d'union, ne font que diviser?
Quel pouvoir admirable a su les maîtriser?
Et nous rendant bientôt l'industrie et la gloire,
Après cette conquête affranchit la mer Noire?
A peine de retour, à l'Autrichien vanté,
Jette le cri de guerre et rend la liberté
A la reine déchue, à l'antique Italie,
Par un peuple héroïque autrefois ennoblie?
Sa flotte va dicter à l'Empire chinois
Un traité de commerce et d'équitables lois.
Dans les glaces du Pôle, éclairant la science,
Il fait briller partout l'étoile de la France.
Mais pendant qu'au dehors il brave les hasards,
Il protége, au-dedans, le travail et les arts.
Sa capitale est bien la ruche travailleuse :
Paris devient, sous lui, la cité merveilleuse.
Il a fait, en dix ans, plus qu'aucun roi n'a fait.
Actif et paternel, à tout il satisfait :

Il donne aux artisans des cités confortables
Qu'il fit bâtir pour eux, asiles respectables,
Où l'esprit de famille augmente les douceurs
D'un bien-être inconnu qui corrige les mœurs.
Il adoucit leur sort jusque dans les provinces ;
Mais il se montre en tout le plus sage des princes :
De droits prohibitifs les peuples sont imbus ;
Le Monarque éclairé supprime ces abus.
Il sait que la routine, en creusant les ornières,
Appauvrit un Empire : il ouvre les barrières.
Est-ce tout ? Non. Des traités et des lois,
Vingt glorieux travaux, tu fais tout à la fois.
L'administration, les villes, la campagne
Ont une activité digne de Charlemagne.
Par la prospérité tu veux payer l'Etat
Qui t'a donné l'Empire. Habile Potentat,
De la confusion retirant l'harmonie,
Tu suis silencieux le chemin du génie,
Voyant tout et faisant chaque chose en son temps.
Monarque, je te sais ménager des instants,

Je n'ai donc point parlé de ces foudres de guerre,

Par toi-même inventés, plus craints que le tonnerre;

Je ne t'ai point montré le héros sans égal,

Le vaillant Empereur et le grand général.

Mais j'abrége et ne fais qu'effleurer ton histoire;

Le monde qui t'a vu la garde en sa mémoire,

Et la France, à ton nom rattachant sa grandeur,

A jugé tes efforts et connaît bien ton cœur.

Puisse la Providence, en t'accordant deux âges,

Protéger tes desseins! multiplier les gages,

Objets de tant d'amour, qui sont dans ta maison;

Inspirer ta sagesse et ta haute raison

Au Prince aimé du Ciel, astre doux et propice,

Beau comme le bonheur; et notre Impératrice!

La fleur de ton palais, l'aimable Majesté,

Dont les traits seront chers à ta postérité.

C'est ainsi que marquant tout ce qui t'environne,

Dieu, qui voulait doubler l'éclat de ta couronne,

De ton épouse, encore illustrant les attraits,

Fait la médiatrice et l'amour des Français.

La charité connaît son auguste influence,
Et par l'Impératrice, ange de bienfaisance,
Des milliers d'indigents, tirés de l'abandon,
Sont heureux désormais et bénissent ton nom.
Quelque jour, puisses-tu, pour suprême conquête,
Les cheveux blancs ornant ta glorieuse tête,
Couverts d'ans, de respects et de félicité,
Voir tout ton peuple heureux dans ta prospérité !
C'est le vœu qu'a formé ton âme généreuse.
Poursuis, grand Empereur, ta tâche courageuse ;
Et qu'un Dieu favorable, exauçant tes souhaits,
Jusque sur les petits répande ses bienfaits.
Alors le front serein, contemplant tes ouvrages,
Éclairant les conseils et dirigeant les sages,
Remerciant le Ciel, pour des destins si beaux,
Tu verras notre Prince imiter tes travaux,
Et fier de ses talents, tu daigneras l'instruire
Dans cet art peu commun de gouverner l'Empire.

Février 1860.

A MONSIEUR LE COMTE

LOUIS DE CAMBACÉRÈS.

Cambacérès, il est de paisibles conquêtes

Qui pour l'homme ne sont qu'occasions de fêtes,

Et qui, dans tous les cœurs, à le suivre empressés,

Lui montrent les trésors par ses mains amassés.

Le peuple le couronne après chaque victoire,

Le bonheur et l'amour accompagnent sa gloire;

Il est au premier rang, nommé l'un des premiers,

Et l'orage et les vents respectent ses lauriers.

La générosité goûte ainsi les délices

Qu'elle sème autour d'elle, et les astres propices,

Gardiens de la vertu, prodiguent les faveurs

A ces mortels aimés, qui sont nos bienfaiteurs.

Ton nom, l'un des plus beaux dont la France s'honore,
Appartient à l'histoire. On se rappelle encore
Cet archi-chancelier, ministre glorieux,
Qui vaut seul une race et de puissants aïeux ;
Mais la gloire est aux siens commune et familière.
Instruits par les échos d'une maison princière,
Dès le berceau l'honneur se fait entendre à vous.
Bientôt, en grandissant, vos plaisirs les plus doux
Sont les nobles travaux, les concours populaires ;
Et là vous vous montrez aussi grands que vos pères.

Je n'ai donc pas besoin de vanter la mémoire
D'un nom qu'on trouve écrit partout dans notre histoire.
D'ailleurs, qu'en serait-il ? Ne voit-on pas souvent
Les heureux de ce monde, au sommet arrivant,
S'endormir dans la paix d'un tranquille bien-être ?
Oublieux, fainéants, qu'on devrait méconnaître.

Ce que je veux louer, c'est l'appui protecteur
Que trouve en ta maison l'humble solliciteur,

Car, toujours bienveillant, libéral et facile,
Tu ne veux pas briller d'un éclat inutile.
Ton cœur, qui s'ennoblit des services qu'il rend,
Aux intérêts d'autrui n'est pas indifférent.
Député, tu te plais à donner assistance
A tes nombreux clients, et dans ta vigilance,
De leurs nécessités tu te fais informer :
Tu sais qu'on sert le Trône en le faisant aimer.
Patron doux et puissant, représentant fidèle,
Tout ce que tu promets, tu le fais avec zèle.

Honnête homme, esprit droit, loyal et délicat,
Tu ne vois que ton Prince et le bien de l'État.
On te sait l'ennemi de ces tristes cabales
Que suivent les partis et les âmes vénales.
Dans les décisions, au bon droit menacé
Tu n'apportes jamais un vote intéressé.

Voilà le politique. Enfin, ce qu'il faut dire,
Ce qui vous rend plus grands, ce que le monde admire,

C'est ce soudain élan, cet esprit généreux
Qui vous porte au-devant de tous les malheureux;
Et les Cambacérès vous accordant leur aide,
Leur âme est à l'affaire où leur voix intercède.
Ici, j'hésite et n'ose ajouter rien de plus,
Car vous fuyez l'éclat et cachez vos vertus.
Je ne veux pas lever le voile respectable
Dont aime à se couvrir votre main charitable.

Heureux le souverain qui, des soins sérieux,
Sur de pareils amis peut reposer ses yeux :
Son front grave, à les voir, aussitôt se déride ;
Et leur présence aimée est un rempart solide.

PREFACE.

J'ai publié l'année dernière un volume de Poésies, dans lequel certaines naïvetés et quelques endroits négligés, témoignaient de mon inexpérience. Malgré ces défauts, le jugement d'un grand nombre de mes lecteurs m'ayant été favorable, je me suis encouragé de leur bienveillance, et j'ai cru pouvoir entreprendre un travail plus étendu que je leur offre aujourd'hui, et qui, sous le titre de Marie-Magdeleine, est l'ouvrage principal de la présente édition.

Je sais qu'en appelant de nouveau l'attention du public sur moi, je m'expose à une plus grande sévérité de sa part: aussi, ai-je apporté beaucoup de soins aux pièces nouvelles qui ont donné lieu à ce recueil; et j'espère qu'à défaut de qualités brillantes, on me tiendra compte de l'intention que j'ai eue d'en faire un délassement honnête au lecteur, en évitant de blesser aucun sentiment légitime.

Peut-être aussi la simplicité et la vérité, que j'aime par-dessus tout et que ces pages doivent refléter, me recommanderont-elles auprès de quelques personnes, se contentant d'éprouver, à la lecture de ce livre, un plaisir analogue à celui que donne la vue de certains paysages pauvres, qui plaisent néanmoins par une douceur particulière.

Décembre 1861.

PRÉLUDE.

A l'âge du bonheur, quand les fleurs de la vie
Semblaient s'épanouir, plus belles sous mes doigts,
De m'essayer au luth j'eus quelquefois envie :
La crainte des moqueurs alors glaça ma voix.
Sur mon front soucieux, les roses sont fanées;
Mais la Muse en secret flatte encor mes désirs,
Et j'offre, au lieu des fleurs de mes jeunes années,
Les fruits de mon automne et de mes souvenirs.

Muse, naguère encor visitant ma détresse,
Tu venais, et ton souffle excitait mon ardeur.

A tes accents chéris, l'amour de la sagesse
Chassait les noirs chagrins et ranimait mon cœur.
Je n'ai plus, je le sais, les grâces du jeune âge;
Pourtant, tu m'asseyais sur le trépied divin :
Je contemplais heureux ton calme et doux visage,
Tes pieds nus, ta main blanche et ta robe de lin.

J'écoutais recueilli ta voix suave et pure;
De ta chaste beauté j'admirais les contours.
Muse, je t'aime ainsi, sans perles, sans parure :
Le feu de tes regards suffit à mes amours.
O vierge! parle-moi, que ta bouche adorée,
Consolant mes ennuis, m'encourage ici-bas !
Sous les ombrages frais de la terre sacrée,
Pour t'entendre toujours, je veux suivre tes pas.

Comme un lis éclatant, quand vers moi tu t'inclines,
Par un charme secret, docte fille du ciel,
Sur mon chemin rempli de frimas et d'épines,

Tu fais naître des fleurs et briller le soleil.

Redis-moi les écrits de Rome et de la Grèce,

Retiens encore entre eux mon esprit suspendu.

J'avais prié le Ciel d'en charmer ma vieillesse,

Mais l'Esprit bienfaisant ne m'a pas entendu.

Soit parcourant les monts, soit assis sur la rive,

Vers les champs que foulaient tes beaux pieds autrefois,

Je me tourne, écoutant d'une oreille attentive,

Si le zéphir m'apporte un écho de ta voix.

J'ai goûté les parfums qu'au printemps on respire ;

Et, sous le frais tissu de ses voiles flatteurs,

J'ai vu de la beauté la grâce et le sourire ;

Muse, et je me complais à tes moindres faveurs.

De tendres sentiments, j'ai conservé l'ivresse ;

Mon cœur n'a point vieilli : je poursuis mes projets

Avec la même ardeur qu'aux jours de ma jeunesse,

Et, d'un œil complaisant, j'en vois tous les objets.

Pourtant, combien de fois j'ai glissé dans l'arène ;

Vingt fois j'ai vu le prix échapper de ma main ;
Souvent, loin de mon but, le vent du sort m'entraîne ;
J'y reviens, espérant un meilleur lendemain.

J'ai vu plus d'un rivage où j'aurais voulu vivre ;
Où, sous un toit obscur, j'aurais voulu m'asseoir ;
Dédaignant les faux biens que l'homme aime à poursuivre,
La sagesse eût réglé mes vœux et mon espoir.
Loin du bruit, à l'écart, j'avais dressé ma tente ;
Et des enchantements dont mon cœur est rempli,
Composant mon bonheur, pendant ces jours d'attente,
Je ne demandais rien que l'amour et l'oubli.

Viens, fuyons loin du monde, ô Muse ! et sur les cimes,
Portons nos pas ensemble ; et là, plus près des cieux,
Contemplons la beauté des spectacles sublimes
Que la nature ordonne et découvre à nos yeux.
Astres du firmament, grands fleuves, bois, prairies,
Œuvres de l'Invisible, éclairez ma raison !

Muse, nous chanterons aussi mes rêveries :
Je chante, et les soucis habitent ma maison.

Et toi, qui, dans tes mains, comme un vase fragile,
Tiens les destins changeants des aveugles mortels,
Prépare un temps propice à ce livre inutile,
Où cependant je rends un culte à tes autels.
Mêlant sa voix rustique à la grande harmonie,
La cigale ose bien chanter dans tes concerts !
Ma bouche, en adorant ta sagesse infinie,
Ose aussi quelquefois te nommer dans mes vers.

J'offre au lecteur quelques récits qui, outre la douceur et l'intérêt du sujet, m'ont paru propres à faire ressortir les beautés du Nouveau-Testament. Marie-Magdeleine, dont j'ai esquissé la vie évangélique, est l'un des personnages les plus sympathiques et les plus gracieux dont parle l'Ecriture Sainte. La prédilection de Jésus-Christ pour cette femme illustre, est pleinement établie par les quatre évangélistes; et la pécheresse convertie nous apparaît revêtue du double prestige de ses grandes vertus et de l'amitié d'un Dieu. Sa jeunesse licencieuse, suivie d'une glorieuse réhabilitation, en fait un exemple aux âmes tombées qui luttent contre leur propre faiblesse ; et la pureté de sa vie, après sa conversion, offre un modèle admirable à celles qu'une piété vigilante préserve des séductions du monde, par l'effet de cette ceinture de force et de chasteté dont l'Écriture nous fournit l'image. Aussi, la vénération dont cette sainte a été l'objet, dès les premiers âges du christianisme, a traversé les siècles sans s'affaiblir. Les croisés l'invoquaient comme leur patronne, en partant pour la Syrie; et, de nos jours, ce temple magnifique, récemment dédié à sainte Magdeleine par la ville de Paris, atteste le respect qu'inspire encore ce grand nom.

Je suis resté scrupuleusement fidèle aux Evangiles, et ne me suis permis, en dehors du texte sacré, que quelques ornements empruntés à l'histoire du peuple juif. Mon plan étant de conserver à ce petit poème, autant que je le pouvais, la simplicité de l'Ecriture Sainte et la vérité des caractères, j'ai rejeté les traits d'imagination qui se présentaient à mon esprit, avec autant de soin que j'en eusse mis à les chercher dans un ouvrage de fantaisie.

Si l'on me disait alors: « Mieux vaut lire tout simplement le Nouveau-Testament qui, à coup sûr, doit présenter la plus grande exactitude. » — Je répondrais que cette objection n'est pas sérieuse, toute raisonnable qu'elle paraisse, car les Evangélistes, uniquement préoccupés d'établir la doctrine de Jésus-Christ, n'ont pris aucun soin de nous intéresser autrement; et l'histoire que j'écris est pour ainsi dire éparse, çà et là, sans aucune liaison dans les quatre Evangélistes, qui, comme chacun sait, se suppléent l'un l'autre : le récit de tel événement fait par saint Mathieu est complété par saint Jean, saint Luc ou saint Marc.

N'est-il pas vrai d'ailleurs que l'Evangile, dont tout le monde parle, et que tout le monde croit savoir, est au fond fort peu connu? On en a au moins une idée confuse; on en a lu et entendu lire quelques chapitres; mais peu de personnes ont lu et médité ce livre sublime, avec la sérieuse attention qu'il mérite.

Ces récits évangéliques sur Marie-Magdeleine sont

complétés par la tradition qui fait l'objet des deux derniers chapitres. J'ai émis dans cette dernière partie les croyances des Eglises de Provence, et les opinions d'écrivains ecclésiastiques qui font autorité en telle matière.

I.

Redoutez le malin, filles de Galilée,

Vous de qui la pudeur, innocente et voilée,

Craint les feux du soleil et les feux de l'amour.

Cachez votre jeunesse et vos charmes au jour :

Les yeux des indiscrets pourraient vous faire injure ;

Voilez votre beauté d'une simple parure,

Et gardez votre cœur, jusqu'au temps où l'époux,

Choisi par vos parents, viendra s'unir à vous.

 Ainsi dans un vallon plein d'arbres et de plantes,

Où la foule aspirait les brises odorantes

Que prodiguaient alors le printemps et les fleurs,

Une vierge parlait à des vierges ses sœurs ;

Et des pharisiens, religieux austères,

A l'écart, près de là, murmuraient des prières.

Quelques-uns se montraient saintement chamarrés

De parchemins étroits peints des versets sacrés ;

Ce fatras orgueilleux de sentences écrites,

Etalait au grand jour leurs vertus hypocrites.

Des enfants pétulants, à l'ombre des palmiers,

Se livraient tout joyeux à leurs jeux familiers ;

Des femmes, habitant la Mésopotamie,

Et venant visiter un parent, une amie,

Nu-tête, ornaient leur front d'un précieux bandeau

De rondes pièces d'or, hébraïque joyau

Sur les tempes formé de pièces plus petites.

Charmes de leurs époux, filles israélites

De Nachor et Tharé, le feu de leurs grands yeux

Et leurs traits purs et fins révélaient leurs aïeux !

De leurs longs cheveux noirs, deux tresses par derrière,

Signalaient leur beauté suave et singulière.

Des femmes du pays se distinguaient encor,

Sur la tête portant la longue corne d'or,

Où s'attachait le voile : et la grâce pudique

En elle semblait jointe à la vertu biblique.

On remarquait enfin des filles d'artisans,

Des marchands, des soldats, des vieillards chargés d'ans;

Et des saducéens, philosophes frivoles,

S'entretenaient, ornant d'élégantes paroles

Leurs folâtres discours; et, joyeux libertins,

Cherchaient occasion d'amour et de festins.

Les mœurs de l'Orient, de Rome et de la Grèce,

De ces fils d'Israël corrompaient la sagesse.

  Un murmure éclata : les propos caressants

Naquirent chez ceux-ci du trouble de leurs sens.

Puis on vit s'avancer la belle Magdeleine;

Les jeunes gens charmés retenaient leur haleine;

Le sourire éclairait son visage enchanteur,

Et son cou de l'ivoire égalait la blancheur;

Ses cheveux blonds tombaient sur ses épaules nues,

Et son regard brillait de grâces inconnues;

Sa taille décelait le corps d'un séraphin;

Et sous les plis flottants de sa robe de lin,

On eût cru voir passer la reine de Judée,

De perles, de parfums, de soleil inondée.

Sa démarche était souple : une aimable langueur

De ses yeux et ses traits augmentait la douceur ;

Mais le mol abandon d'un cœur facile et tendre,

Aux erreurs de l'amour l'avait laissé surprendre.

Aussi l'ardent désir, les folles passions,

S'empressaient pleins d'ivresse à ses séductions.

Les Hébreux cependant condamnaient sa faiblesse,

Et tous la désignaient du nom de pécheresse.

II

Les Juifs étaient alors sous le joug des Romains ;
Le sceptre de David échappait de leurs mains.
On frémit au récit de leurs luttes sanglantes,
Depuis que fugitifs, habitant sous les tentes,
Traversant le désert, ces fils des grands pasteurs
Fuyaient l'antique Egypte et leurs persécuteurs.
Ils partagent la gloire et les revers du trône,
Plus tard, sont emmenés captifs à Babylone ;
Puis, d'affaiblissement leurs malheurs sont suivis.
Maintenant, aux Romains on les voit asservis ;
Et, sous l'adroit Pilate et le cruel Hérode,
Fiers gouverneurs, prenant leur volonté pour code,
Les Hébreux se montraient, dans leur zèle pieux,
A leurs maîtres païens aisément factieux.

On disait que Pilate, à la haine excité

Contre un parti rebelle à son autorité,

De Judas de Gaulon, surprenant les complices,

Avait mêlé leur sang au sang des sacrifices,

Lorsqu'à Jérusalem ils venaient célébrer

Cette Pâque terrible où, pour les massacrer,

Méprisant le Lieu-Saint et les cris des lévites,

La fureur animait le bras des satellites.

Ce Judas, du tribut refusant le paîment,

D'une insurrection s'était fait l'instrument.

Les vengeances, témoin la mort de Jean-Baptiste,

Des crimes du pouvoir venaient grossir la liste.

 Au temps où l'on voyait ces scènes du passé,

Le Messie à ce peuple autrefois annoncé,

Devait réaliser tout ce que les prophètes

Avaient promis du Christ aux tribus inquiètes.

Les Juifs, humiliés sous un joug oppresseur,

Pleurant leurs libertés, attendaient le Sauveur,

Qu'annonçait pour ce temps l'Ecriture divine,

Quand Jésus commençait de prêcher sa doctrine.

Du prince de la paix la douce majesté

Divisait les esprits, chez ce peuple irrité.

Pour les uns, le Messie était une espérance

De grandeur souveraine et de prépondérance;

D'autres, des livres saints comprenant mieux le sens,

Recueillaient dans leurs cœurs les mots doux et pressants

Que Jésus adressait à la foule attendrie,

Quand, promettant aux bons la céleste patrie,

Il puisait dans l'amour et dans la charité

Les rayons bienfaisants de sa divinité.

Le Christ, au milieu d'eux, tempéré dans sa gloire,

D'une ère plus parfaite inaugurait l'histoire;

Mais non, comme avait cru le vulgaire ignorant,

Il n'apparaissait pas, superbe conquérant,

Monarque redoutable, étendant sur la terre

La domination du sceptre et de la guerre;

Ce Jésus que devaient adorer tant de rois,

Naissait dans une étable et mourait sur la croix;

Le Dieu saint se voilant dans sa beauté secrète,

N'avait pas une pierre où reposer sa tête.

Les disciples du Christ et ses plus chers amis,

Sont d'obscurs plébéiens à son culte soumis;

Convertissant les Juifs, il va de ville en ville,

De village en village, annonçant l'Evangile;

Affable et bienveillant, doux et simple en ses mœurs:

Sa divine bonté lui gagne tous les cœurs.

Tout malheureux en proie aux tristesses de l'âme,

Est sûr d'en recevoir un souverain dictame.

Le faible soutenu, le malade guéri,

La honte relevée et le pauvre nourri,

Sont les œuvres de paix et de miséricorde

De ce Sauveur, esprit d'amour et de concorde.

III.

Jésus mangeait un jour chez un certain Simon,

Sectaire que ce fait met en quelque renom.

Etendus sur des lits, selon l'antique usage,

A table, des Hébreux admiraient le langage

Du convive inspiré qu'un charme environnait,

Et pour prophète, au moins, chacun d'eux le tenait.

Simon, pharisien, de sa secte orgueilleuse

Ayant la vanité jalouse et soucieuse,

Attentif et surpris, seul était incertain.

Tout à coup, au milieu de ce grave festin,

Une femme éplorée, aux allures craintives,

Entre, et, par sa tristesse, attendrit les convives.

Chacun d'étonnement redouble à son aspect,

Lorsqu'on voit s'avancer, avec un grand respect,

Dans la salle, en tremblant, la jeune Magdeleine :
Car on l'a reconnue et l'on y croit à peine ;
On ne sait que penser. Son trouble et sa pâleur
D'un charme inexprimable ont marqué sa douleur.
Elle apporte un parfum dans un vase d'albâtre ;
Et le nard, doux présent de l'Arabe idolâtre,
Est destiné par elle à fléchir le courroux
Qu'elle sait mériter. Elle tombe à genoux
Aux pieds de son Sauveur que touchent ses alarmes ;
Montre son repentir par d'abondantes larmes ;
Du Christ avec ses pleurs baigne les pieds poudreux,
Les baise avec transport, puis, de ses longs cheveux
Les essuie, et, du vase où l'huile est renfermée,
Répand abondamment la liqueur parfumée ;
Du lin de ses cheveux essuie encor ses pieds ;
Les baise encore après les avoir essuyés ;
Et, pleurant à genoux, elle attend sa sentence.
Simon les regardait et pensait en silence :
C'est une pécheresse affrontant la pudeur,

Et, s'il était prophète, il lirait dans son cœur;

Jésus donc aussitôt, connaissant sa pensée,

Adresse à cette femme, en larmes, oppressée,

Des consolations, des paroles de paix;

L'absout, et du péché la relève à jamais.

L'Homme-Dieu la défend aussi de sa parole :

C'est à Simon qu'il parle en cette parabole:

« Un homme avait, dit-il, deux débiteurs; l'un d'eux

» Devait cinq cents deniers, l'autre cinquante; aux deux

» Il lui plut un beau jour de remettre leur somme.

» Dites-moi donc lequel aimera mieux cet homme?

» — C'est, dit Simon, celui qui lui devait le plus.

» — Vous avez bien jugé, lui répondit Jésus.

» De même cette femme, admise à mon partage,

» Ayant reçu beaucoup, m'aimera davantage. »

C'est ainsi que dès lors cette auguste pitié,

Commença le lien d'une illustre amitié,

Et, relevant ce cœur tombé dans la bassesse,

Au rang des plus grands saints plaça la pécheresse.

Marie était son nom: Le peuple l'appela

Magdeleine, empruntant ce nom de Magdala,

Où la sainte était née et fut d'abord nourrie.

Dans les feuillets suivants, nous la nommons Marie.

IV.

Jésus avait instruit, conversant avec eux,
Douze apôtres suivis de disciples nombreux ;
Le peuple tous les jours l'écoutait en silence ;
La Galilée ainsi recevait la semence
Qui, semblable d'abord au grain de sénevé,
Allait grandir, offrant comme un arbre élevé,
De ses rameaux touffus le bienfaisant feuillage,
Où les oiseaux du ciel s'abritent de l'orage.
  En ce pays partout le froment répandu,
Dans le temple Jésus voulait être entendu,
Quittant donc cette terre et ses doux paysages,
La mer de Galilée et ses riantes plages,
Ces villes et ces bourgs, ces jardins et ces champs

Où, recueilli le soir, il entendait les chants

Des vierges d'Israël, s'animant, fleurs mystiques,

De paroles d'amour dans leurs divins cantiques.

Accompagné des douze, il partit de ces lieux.

Des femmes le suivaient : l'une au port gracieux,

Simple, austère et gardant cette visible empreinte

Que Dieu met sur le front de l'ange et de la sainte.

C'était la pécheresse avec Marthe sa sœur,

Et Lazare leur frère, ami cher au Seigneur.

Vers la noble Sion Magdeleine s'avance,

Eprouvant de la foi le charme et la puissance.

Jésus est son appui, son guide et son espoir :

Une amitié divine inspire son devoir.

Venait plus loin Simon, conversant avec d'autres;

Judas, son fils, était parmi les douze apôtres.

La Bible avait appris que, né dans Bethléem,

Le Sauveur méconnu verrait Jérusalem

A sa voix se montrer incrédule, endurcie.

Il venait accomplir ainsi la prophétie.

On devait bientôt voir un Dieu se révélant,

Cloué sur une croix, nous léguer tout sanglant

Son cadavre divin, victime expiatoire ;

C'est après le trépas qu'il entrait dans sa gloire.

De ces Galiléens que Jésus convertit,

Près de Jérusalem un groupe s'établit,

Dont l'amité lui fut toujours fidèle et chère :

C'était Marthe, Marie, et Lazare, leur frère.

Versets doux et sacrés, qui nous parlez de Dieu,

Et que d'un chaste amour a remplis saint Mathieu,

Esprit sobre et fervent que saint Jean nous révèle,

De saint Luc et saint Marc, embrasante étincelle,

Eclairez mes écrits de la sérénité

Que donne à la raison votre saine clarté !

Prêtez-moi quelques traits de la beauté sublime

Dont l'homme à vos rayons se pénètre et s'anime;

Chassez la fiction, profane amusement;

Qu'en ce sujet le vrai soit mon seul ornement.

V.

A propos des deux sœurs, on lit dans l'Evangile
Ce touchant épisode, aimable et fraîche idylle,
Tableau de simples mœurs, frappante vérité,
Où la grâce s'allie à la simplicité.

  Un jour, il arriva que Jésus, en voyage,
En traversant un bourg, entra, sur son passage,
Sous un toit familier, s'assit dans la maison :
C'était chez une femme, et Marthe était son nom.
Elle avait une sœur qui s'appelait Marie.
Or, Marthe s'empressait à servir le Messie;
Et Marie, écoutant le divin visiteur,
Se tenait à ses pieds. Regardant le Seigneur,
Debout devant Jésus, Marthe, d'une humeur vive,
Gourmande en ce propos la sœur contemplative :

« Ne remarquez-vous pas, Seigneur, que seule ici

» Je fais tout; que ma sœur n'en prend point de souci? »

Jésus dit, connaissant les deux Galiléennes :

« Vous vous préoccupez, Marthe, de choses vaines;

» Mais Marie a fait choix de la meilleure part,

» Et la conservera. » Puis Jésus, d'un regard,

A la femme à ses pieds confirme sa promesse.

Il accordait ainsi le prix de la sagesse

A l'amour le plus pur, à ce baume du cœur,

Dont l'amitié compose un miel à la douleur.

De son élection Jésus marquait Marie,

Qui l'écoutait joyeuse, âme fraîche et fleurie

Qui, par plus de parfums se révélant, un jour

Devait conduire à lui par la grâce et l'amour.

N'ayant jamais failli, Marthe, jeune et vaillante,

Etait dans sa vertu plus fière et moins ardente;

L'autre, dans les soupirs, avait beaucoup péché;

Maintenant, plus suave et comme un lis penché,

De pleurs et de baisers couvrant les pieds du Maître,

Où belle en son extase on la peut reconnaître,

Plus forte désormais, plus grande en Jésus-Christ,

Elle prend pour sa part les choses de l'esprit.

Les regards de Jésus, à toutes deux propices,

Voyait dans les deux sœurs deux fleurs aux blancs calices

Qui, de leur doux éclat, réjouissaient ses yeux;

Mais Marie avait plus de ces dons précieux,

Parfum de l'âme, amour et candeur infinie,

Dont toutes deux charmaient la paix de Béthanie.

VI.

Après avoir passé le torrent de Cédron,

Du mont des Oliviers, on voit à l'horizon,

Dans le soleil couchant Jérusalem assise.

Non comme le joyau de la terre promise,

Mais veuve de ses chants de triomphe et d'amour,

Triste et silencieuse aux derniers feux du jour.

 Si vous vous retournez, à l'Orient s'incline

Un versant de montagnes, et, sur une colline,

A pareille distance, un hameau, pauvre et nu,

Arrête l'étranger près du pâtre inconnu.

 Vous voyez Béthanie, où, s'éloignant des villes,

Jésus venait charmer les demeures tranquilles

Des deux sœurs de celui qu'il a ressuscité.

Lui-même aussi trouvait, dans la sérénité

D'une amitié si douce, un repos nécessaire
Contre les ennemis de son grand ministère.
Alors à Béthanie, oubliant ses douleurs,
Il faisait éclater ces divines ardeurs,
Que met la charité dans un cœur qu'elle enflamme;
Et des biens de ce monde il détachait leur âme.

C'est pourquoi, disait-il, ne cherchez pas comment
Vous aurez à manger, ce n'est que l'aliment;
Et la vie est bien plus que n'est la nourriture.
Ne cherchez pas non plus si, la saison future,
Vous pourrez vous vêtir, l'occasion viendra.
Dieu qui veille sur vous lui-même y pourvoira.
Considérez plutôt les oiseaux qui ne sèment
Et ne récoltent point, et qui des grains qu'ils aiment,
En tous temps sont pourvus par ce Dieu généreux.
Or, vous, n'êtes-vous pas bien plus importants qu'eux.
Voyez le lis des champs qui n'est pourtant qu'une herbe :
Salomon, dans sa gloire et son palais superbe,
N'a pas été vêtu si magnifiquement.

Si Dieu prend soin du lis, combien assurément
Prendra-t-il plus grand soin de nous tant que nous
[sommes.]
Vous qui croyez en moi, n'imitez pas ces hommes
Qui mettent leur espoir à la terre et ses biens :
Laissez cette prudence aux enfants des païens.
Cherchez premièrement le ciel et sa justice,
Le reste vous viendra comme un surcroit propice.
Dieu sait ce qu'il vous faut et vous ouvre sa main ;
Ne vous tourmentez point touchant le lendemain ;
Le lendemain venu prendra soin de lui-même ;
Laissez agir pour vous la sagesse suprême.

    Ainsi Jésus leur parle et les instruit toujours.
Il connaît l'avarice et ses rusés détours,
De ce cruel démon l'Homme-Dieu se défie ;
Il sait comment l'avare en soi se justifie ;
Que de soins prévoyants nourrissant son humeur,
Il ferme à tout le monde et sa bourse et son cœur.
Et Jésus montre ainsi le mal en sa racine,

Afin de faire un jour triompher sa doctrine.

Des prêtres, cependant, des grands et des docteurs,
Dévots au cœur mauvais, sombres instigateurs
De la foule ignorante, et dont l'hypocrisie
Contre lui s'irritait jusqu'à la frénésie,
Voulaient sa mort; et lui, sublime et familier,
Enseignait la douceur à ce peuple grossier;
Des sectaires d'alors reprenait l'avarice,
La fausse piété, l'orgueil et l'injustice.
Les scribes, en tous lieux, pensaient l'intimider;
Les Juifs avaient déjà voulu le lapider;
Mais la peur commandait à leur haine secrète,
Car beaucoup le tenaient pour Christ ou pour prophète.
Ces ennemis craignaient, sévissant contre lui,
Qu'il ne trouvât contre eux dans le peuple un appui.
Jésus, à leur fureur impie et sanguinaire,
Devait, en s'éloignant, pour un temps se soustraire :
Aux champs galiléens l'esprit le rappela,
Et la paix de son cœur bientôt le consola.

VII.

On vint faire à Jésus, étant en Galilée,
Un récit dont son âme un moment fut troublée.
Arrive un messager, demandant à le voir,
Qui lui dit, s'acquittant d'un pénible devoir,
Et chagrin d'affliger une amitié si rare :
« Je viens de Béthanie, et votre ami Lazare
» Est malade. Ses sœurs ont le pressentiment
» D'un malheur déplorable en cet événement ;
» Pour vous en informer, j'ai hâté mon voyage. »
Jésus-Christ dit aux siens d'un tranquille visage :
« Cette maladie est pour la gloire de Dieu. »
Et, demeurant deux jours de plus au même lieu,
Ensuite il ajouta : « Retournons en Judée. »
Il dit encor, voilant à dessein son idée :

« Il dort, et je le vais tirer de son sommeil. »

Ses disciples, pensant d'un langage pareil,

Que Lazare, endormi du sommeil ordinaire,

Eprouvait le bienfait d'un repos salutaire :

Votre ami guérira, dirent-ils, puisqu'il dort.

Jésus ouvertement leur dit donc : « Il est mort ;

» Mais je me réjouis pourtant de mon absence,

» Car bientôt vous verrez la gloire et la puissance

» Du Dieu du ciel, en moi, se montrer devant vous :

» Allons trouver Lazare. » — Et, les emmenant tous,

Il vint après deux jours devant le bourg où Marthe,

Assise en sa maison, soudainement écarte

Tous les amis en deuil à sa détresse unis,

Qu'auprès d'elle, en mourant, Lazare a réunis.

Elle court à Jésus, tombe à genoux et pleure :

« Si vous aviez été, dit-elle, en sa demeure,

» Il ne serait pas mort. — Il ressuscitera,

» Marthe, consolez-vous. — Je le sais, quand viendra

» La résurrection pour la vie éternelle. »

« — Je suis, répond Jésus d'une voix solennelle,

» La résurrection, et la vie, et le port ;

» Qui croit en moi vivra, quand même il serait mort,

» Marthe, le croyez-vous ? » Ici Marthe s'anime ;

Et le regard brillant d'un feu chaste et sublime :

« Je crois, dit-elle alors d'un accent grave et doux,

« Que vous êtes le Christ, en ce monde avec nous

» Venu pour nous sauver ; je crois cela, dit-elle. »

Puis courant à sa sœur : « Viens, le Maître t'appelle ! »

Et Marie aussitôt, les yeux de pleurs noyés,

S'empresse vers Jésus et se jette à ses pieds :

« Si vous aviez, dit-elle, été près de mon frère,

» Il ne serait pas mort : nous qu'y pouvions-nous faire ! »

Et du Christ, à ces mots, la douleur redoubla ;

Jésus s'attendrissant, frémit et se troubla :

« Où l'avez-vous placé, dit-il à la dernière ?

» — Ici, Seigneur, venez et voyez cette pierre. »

De la nature humaine aussi payant les droits,

Le Christ ému frémit une seconde fois ;

Puis il pleura. La foule alors silencieuse,

Autour de lui pressée, attendait curieuse

Le miracle éclatant que, devant leurs amis,

Jésus à Marthe en pleurs, avait tantôt promis.

Du sépulcre approchant : c'était une caverne

Que fermait une pierre, et qu'un jour sombre et terne

Eclairait faiblement dans ses flancs de granit ;

Il dit : « Otez la pierre, » et Marthe interrompit :

« Seigneur, il a déjà de l'odeur : il repose

» Là depuis quatre jours. » A ces mots qu'elle oppose

A Jésus, il répond : « J'ai dit que vous verriez

» La puissance de Dieu, Marthe, si vous croyez. »

Vers le père céleste élevant sa pensée,

Et sentant aussitôt sa prière exaucée,

Jésus, voulant enfin que ce peuple le crût,

Dit : « Lazare sortez ! » et Lazare parut,

Qui, les pieds et les mains serrés de bandelettes,

Couvert de son suaire, à ses deux sœurs muettes,

S'offrait comme un objet d'horreur et de pitié ;

Et qui, raide et lugubre, attristait l'amitié

Des spectateurs saisis, devant ce corps étrange

Qui sortait du tombeau, palpitant sous son lange.

On regarda Jésus, qui cessait de parler :

« Déliez-le, dit-il, et le laissez aller. »

VIII.

Jésus avait repris son œuvre évangélique;
Poursuivi tous les jours par un pouvoir inique,
Au milieu d'ennemis, dans la ville il marchait;
On préparait la Pâque et sa mort approchait.

  Dans un festin, six jours avant son agonie,
Nous le trouvons encore, à table, à Béthanie,
Chez Simon le lépreux, personnage inconnu,
Que, pour notre Simon, plusieurs ont reconnu.
C'est chez lui que Jésus reçut ce témoignage
D'une amitié fidèle, ingénieux hommage,
Par lequel une femme, écoutant sa ferveur,
Une seconde fois parfuma le Seigneur.
Lazare, plein de vie, était l'un des convives,
Et Marthe les servait. L'azyme et les olives,

Le poisson délicat, l'agneau, les blonds raisins,

Le vin vieux que fournit l'amphore des festins,

Tout, jusqu'à l'urne en fleurs et la table luisante,

Avait occupé Marthe, heureuse et diligente.

L'abondance, les soins et le bon goût des mets

Répondaient dignement à l'ardeur des apprêts.

La joie et le bonheur animaient cette fête;

L'hôte et les conviés, honorant le prophète,

Ecoutaient ses discours, disant: c'est bien le Christ.

A ce repas régnait un sage et doux esprit;

Une humble salle basse en était le théâtre;

Marie entre, portant dans un vase d'albâtre

Une livre de nard, parfum du plus grand prix;

Brise le vase, épand, à travers ses débris,

L'huile sur les cheveux du Seigneur qu'elle adore;

Puis se jette à ses pieds qu'elle parfume encore

Des restes précieux que le vase a gardés.

Alors les pieds divins de liqueur inondés,

La sainte les essuie, en imbibant la soie

Des longs cheveux flottants que sa tête déploie.

L'odeur de ce parfum remplissait la maison.

Judas se récriait, alléguant la raison

Qu'on perdait ce produit que l'on aurait pu vendre

Au moins trois cents deniers ; somme qu'on eût dû rendre

Aux pauvres très-utile, ensuite, en le chargeant

De leur distribuer lui-même cet argent.

Les autres l'approuvaient ; mais le Christ, à ce blâme,

Leur dit : « Ne froissez pas sans raison cette femme ;

» Son œuvre est méritoire ; elle a fait, envers moi,

» Ce que lui commandaient son amour et sa foi ;

» Sa gloire embaumera du parfum de cette huile,

» En tous lieux où sera prêché mon Evangile.

» Ne la blâmez donc pas, car vous aurez toujours

» Des pauvres parmi vous, réclamant vos secours ;

» Mais vous ne m'aurez point toujours parmi les frères.

» Ne la chagrinez pas par des propos sévères ;

» Elle prévoit ma Pâque et le temps des douleurs,

» Où, bientôt sur ma fin, vous verserez des pleurs ;

» Son amour éclairé pressent l'heure future ;

» De ses pieuses mains, avant ma sépulture,

» Elle embaume mon corps; et ce suprême amour

» D'un suprême pardon l'assure au dernier jour. »

La figure du Christ, affable, douce et fière,

Paraissait resplendir d'un nimbe de lumière

Qui, sur son large front, répandait la clarté.

Son regard, où brillait l'ardente charité,

Aux convives émus montrait les chastes flammes

Dont l'amour vivifie et captive les âmes.

Pendant qu'il reprenait les apôtres honteux,

Le démon s'empara du cœur de l'un d'entre eux.

Judas sortit le soir, allant offrir aux prêtres

De leur livrer Jésus ; et, les prenant pour maitres,

Avec eux s'entendit. Pour prix on lui compta

Trente pièces d'argent que le traître emporta.

IX.

Dans la nuit qui suivit la Pâque des Azymes,
Chargé d'ennuis, plongé dans ses douleurs sublimes,
Jésus, avec les siens, venant par les sentiers,
En un lieu qu'il aimait, au Mont des Oliviers;
Arrivé là, se tint distant, d'un jet de pierre,
Des apôtres, et fit à genoux sa prière.
« O père ! disait-il, éloignez, s'il se peut,
» Ce calice de moi ; mais votre fils ne veut
» Que ce qui de tout temps à votre esprit convienne :
» Que votre volonté soit faite et non la mienne. »

Puis, le Christ abattu, suait le sang et l'eau ;

Les gouttes de son corps tombaient comme un ruisseau.

S'étant couché par terre, accablé de tristesse,

Les apôtres dormaient, livrés à leur faiblesse.

Jésus pria longtemps ; enfin s'étant levé,

Le Maître, qui savait le moment arrivé,

Dit en les éveillant : « Priez pour vous défendre

» De la tentation qui pourrait vous surprendre. »

Or, l'un deux n'avait point accompagné leurs pas,

Et Jésus attendit le baiser de Judas.

Au delà du Cédron, dans les campagnes juives,

Etait ce lieu nommé le Jardin des Olives,

Que fréquentait Jésus. Etant là dans la nuit,

Il voit des gens armés que Judas introduit,

Et la troupe aussitôt le conduit à Caïphe ;

Il dit qu'il est le Christ, irrite ce pontife,

Homme de sang, jaloux du droit sacerdotal,

Et reçoit un soufflet d'un officier brutal.

Au jour il est remis au gouverneur Pilate :

Opprimé, sa grande âme en traits divins éclate
En versant des trésors d'ineffable bonté
Sur ses persécuteurs, ivres de cruauté.

Pilate cependant, prudent et raisonnable,
Au sort de l'innocent paraissait favorable :
Le juge impartial, interrogeant Jésus,
Semblait à l'équité promettre le dessus ;
Mais les accusateurs dirent dans l'assemblée :
« Il corrompt les Hébreux depuis la Galilée.
» — S'il est Galiléen, je dois m'en dessaisir, »
Dit Pilate, inspiré par un secret désir.

Jésus était sujet d'Hérode le tétrarque ;
Pilate l'apprenant, pour donner une marque
De sa condescendance au roi qu'il ménageait,
Et qui, dans la Judée en ce temps voyageait,
Abandonnant Jésus, soudain le lui renvoie.
Hérode même en eut, dit-on, beaucoup de joie,
De quelque grand miracle espérant voir l'effet;
Le tétrarque en cela ne fut point satisfait.

Pourtant cette âme altière, intraitable mais franche,

Disculpa l'innocent, et d'une robe blanche

L'ayant fait revêtir, chez Pilate ce jour

Jésus revient, moqué d'Hérode et de sa cour.

   Lorsque l'esprit annonce un prophète à la terre,

L'homme est sourd. C'est quand vient le vent de la colère.

Effrayant tourbillon qui renverse à la fois

Les bons et les méchants, que l'on entend sa voix.

Ainsi, quand un Dieu vint, se montrant face à face,

Maître de l'avenir que son regard embrasse,

Les courtisans, railleurs de son culte naissant,

N'ont découvert en lui qu'un rêveur impuissant.

   Jésus donc échappait au pouvoir tyrannique :

Il allait éprouver la froide politique.

Pilate, en le voyant, d'abord lui demanda :

« Quel est votre pays ? » Jésus le regarda,

Mais ne répondit point. Etonné du silence

Qu'à plusieurs questions il garde en sa présence,

« Pensez-y donc, dit-il, je puis délibérer

» De vous faire mourir ou de vous délivrer. »

Jésus répond, forçant sa tristesse profonde :

« Mon royaume est du ciel, il n'est pas de ce monde ;

» Et, rendant témoignage à ce peuple agité,

» J'appelle à moi quiconque aime la vérité. »

Pilate dit encor devant ses satellites :

« Etes-vous roi ? » Jésus lui répart : « Vous le dites. »

Cependant, au dehors les clameurs redoublaient;

Scribes et pharisiens d'injures l'accablaient.

Pilate, qui déjà penchait vers la clémence,

Désirait de Jésus hâter la délivrance.

C'est alors que le doute en secret l'agitant,

« Quelle est la vérité ? » reprend-il en sortant.

Lorsque assis dans la cour, en dehors du prétoire,

Il se vit entouré d'un nombreux auditoire,

Sa femme lui fit dire : Evitez par presser

Les choses de Jésus, de vous embarrasser

Dans cette grande affaire où le peuple vous plonge ;

Je crains ce jugement : j'ai fait la nuit un songe.

Qui m'a fort tourmentée; avec cela je tiens

Pour innocent ce juste, et je vous en préviens.

Pilate de ces Juifs pensant vaincre la haine :

« C'est votre roi, dit-il, voici, je vous l'amène :

» Le crucifirez-vous ? — Nous n'avons d'autre roi,

» Disent-ils, que César. — Nous invoquons la loi,

» Criaient les sénateurs poursuivant leur victime.

» — Mais je ne l'ai trouvé coupable d'aucun crime, »

Leur objecta Pilate, et, l'ayant fait fouetter,

Il le laisse aux soldats qui, plus à redouter,

Entrelaçant d'abord quelques branches d'épine,

En font une couronne à sa tête divine ;

D'un manteau d'écarlate, emblème souverain,

Le vêtent ; puis, mettant un roseau dans sa main,

L'insultent tour à tour, lui crachant au visage,

Répétant à genoux dans leur gaité sauvage :

« Salut au roi des Juifs! Par eux battu, trompé,

» Devine, disaient-ils, qui de nous t'a frappé ? »

Injuriant Jésus, à la porte on le nomme;

Pilate ainsi le montre en disant : « Voici l'homme !
» Je le trouve innocent, je vais le renvoyer. »
Non, crucifiez-le, les entend-il crier !
Pilate alors pensa reprendre l'avantage ;
Voulant leur délivrer, comme c'était l'usage,
A chaque fête juive, un de leurs prisonniers,
Favorisant Jésus, qu'il offre un des premiers,
Et montrant Barabas, un malfaiteur insigne :
« Choisissez, leur dit-il, de ces deux le plus digne. »
Mais les Juifs, qu'irritait la lenteur des débats :
« Crucifiez Jésus, donnez-nous Barabas !
» — Voulez-vous que je rende aussi votre Messie?
» — Qu'il soit crucifié, cria la foule impie !
» — Prenez-le donc, dit-il, et le crucifiez.
» Que cela soit sur vous ; mais, si vous m'en croyez,
» Vous ne poursuivrez point vos desseins homicides. »
Pilate, alors dans l'eau trempant ses mains timides,
Cria : « Malheur aux Juifs! je m'en lave les mains. »
Et, réprouvant ainsi ces hommes inhumains,

Il dit encor : « Malheur ! si l'innocent succombe,

» Vous en répondrez seuls ! — Oui, que son sang retombe

» Sur nous et nos enfants ! » répondent mille voix.

Sacrifiant Jésus, Pilate, cette fois

L'abandonne aux bourreaux, et les soldats indignes,

Qui l'avaient revêtu de ses royaux insignes,

L'en dépouillant enfin, lui rendent ses habits.

Le peuple est agité de mouvements subits :

Des principaux des Juifs un groupe sanguinaire,

Raillant l'Homme-Divin, l'accompagne au Calvaire.

X.

Conduit par les bourreaux, Jésus porte sa croix :
L'âme dans l'amertume, écrasé sous le poids
De ce fardeau lugubre, il succombe à la peine,
Chancelle à chaque pas, quand Simon de Cyrène,
Qui revenait des champs, contraint par les soldats,
Porte l'affreux gibet, après quelques débats.
On mène en même temps deux voleurs au supplice :
La honte est à côté du divin sacrifice.
Les amis du Messie, en pleurant le suivaient,
Abattus et navrés des choses qu'ils voyaient ;
Les femmes avec lui venant de Galilée,
Regardaient cette scène impie et désolée,
Se tenant à l'écart. Sur le mont Golgotha
Le douloureux cortége à la fin s'arrêta.

Les instruments de mort sont fixés sur la place ;

Sur la croix du milieu c'est Jésus que l'on place.

Les voleurs après lui, sont bientôt déliés ;

Et tous trois sont cloués par les mains et les pieds.

Des sanglots étouffés, de longs cris d'épouvante,

Eclatent dans la foule avide et palpitante.

Ces trois hommes vivants, sur des gibets cloués,

A ce grand châtiment ces malheureux voués,

Et les muscles tendus de leurs pâles figures,

La pesanteur du corps, déchirant leurs blessures,

Leur sang, leur nudité, leurs atroces douleurs,

D'un indicible effroi glacent les spectateurs.

Au-dessus de Jésus, mourant sur la colline,

Une inscription grecque, hébraïque et latine,

Portait écrits ces mots, par Pilate tracés :

Voici le roi des Juifs ; et les grands, offensés,

Vinrent dire à Pilate : « Otez cette écriture,

» Mettez qu'il se nommait ainsi par imposture. »

Pilate, aigri déjà du sort de Jésus-Christ,

« C'est écrit, leur dit-il, et laissez cet écrit. »

L'un des crucifiés, larron plein d'impudence,

Se moquait de Jésus, le taxant d'impuissance :

« Sauve-toi, disait-il, et nous sauve avec toi. »

L'autre disait : « Seigneur, ayez pitié de moi ;

» De moi souvenez-vous. » A quoi le fils de l'homme

Répondait : « Vous serez bientôt dans mon royaume. »

Et des pharisiens, d'orgueilleux sénateurs,

L'insultaient en passant de leurs propos moqueurs.

« Descends de cette croix et sauve-toi toi-même ;

» Montre-nous ton pouvoir, en ce moment suprême,

» Et nous croirons en toi. » Patient et soumis,

Jésus, mourant, priait pour tous ses ennemis.

XI.

Pendant ce triste jour, verrons-nous Magdeleine
Opposer la douceur à ce torrent de haine ?
Est-il absent, ce cœur, au moment de la mort ?
Ne doit-il pas avoir un généreux transport
Pour consoler au moins cette immense détresse,
Par la compassion d'une sainte tendresse ?
— Elle est là, gémissante, et l'amour la retient;
Au pied de cette croix, Magdeleine se tient
Assise, et dans les pleurs, avec les saintes femmes
Qui suivaient Jésus-Christ, et qui, des mêmes flammes
De piété fidèle, honoraient le Seigneur.

Instruites le matin que, chez le gouverneur,

Jésus était conduit par des gens sous les armes,

Se mêlant à la foule et cachant leurs alarmes,

Elles avaient connu tous les événements ;

Et Jésus les voyait à ses derniers moments.

Vers le milieu du jour, de profondes ténèbres,

Obscurcissant les cieux de leurs ombres funèbres,

Descendant par degrés, s'étendirent partout.

Couvrant le monde ancien, consterné tout à coup.

La terre s'ébranla ; l'horreur et le silence

Semblaient se disputer le soin de la vengeance.

Dans le temple, le voile en deux fut déchiré,

Montrant ainsi que Dieu s'en était retiré.

L'enfer alors gémit ; les sépulcres s'ouvrirent,

Et dans Jérusalem les morts se répandirent ;

On les voyait passer parmi les habitants :

Des saints qu'on connaissait, et morts depuis longtemps.

Le Messie, exposé depuis la troisième heure,

A la neuvième expire, et sur la croix demeure

Jusqu'à ce que, le soir, un disciple secret

De la parole, vint, esprit ferme et discret,

Homme juste et pieux, connu d'ancienne date,

Joseph d'Arimathie, allant trouver Pilate,

Lui demanda Jésus. Approuvant ce désir,

Pilate lui permit d'aller l'ensevelir.

A Joseph aussitôt le sage Nicodème,

Secret disciple aussi, se joignit, donnant même

Cent livres environ d'un mélange usité

De myrrhe et d'aloès qu'il avait apporté;

Et Joseph ayant pris pour ce suprême office

Un linceul blanc, bientôt à la clarté propice

De la lune brillante, unissant leurs efforts,

Tous deux avec respect descendirent le corps;

Cherchant ensuite un lieu propre à la sépulture

De ces restes divins rendus à la nature,

Et le mont du calvaire, étant près d'un jardin

Dans lequel on voyait un tombeau levantin;

Prenant alors Jésus, les disciples entrèrent

Dans ce sépulcre neuf, et là le déposèrent ;

A la manière juive, ayant enseveli

Le corps dans un linceul ; et, ce fait accompli,

Magdeleine, ayant vu la scène funéraire

Et remarqué le lieu, s'éloigna du Calvaire

XII.

C'était le lendemain le jour du grand sabbat :
Moïse et la coutume obligeaient dans l'Etat
De célébrer la fête, et bien qu'impatiente,
Magdeleine attendit la semaine suivante,
Et dès le premier jour, à l'aube, se rendit
Au jardin dans lequel, comme nous l'avons dit,
On avait déposé Jésus près du Calvaire.
De l'entrée on avait depuis ôté la pierre.
S'étant alors baissée, elle vit confondus,
Des linges pêle-mêle, en désordre étendus,
Et s'aperçut bientôt que la tombe était vide,
Tous les linceuls épars, jonchant le sol humide.

Aux apôtres courant, tremblante de frayeur :

« Venez, car ils ont pris le corps de mon Seigneur,

» Leur dit-elle en pleurant ! » Aussitôt Simon, Pierre

Et Jean, s'étant levés, émus à sa prière,

Se prenant à courir, arrivent au jardin

A l'heure où les oiseaux saluaient le matin.

Jean, d'un pas plus alerte, au tombeau solitaire

Arriva le premier, vit les linceuls à terre,

Mais n'entra point d'abord. Pierre après lui les vit,

Entra dans le sépulcre, alors Jean le suivit.

Ils virent les linceuls devant la tombe ouverte ;

Et, pleins d'étonnement à cette découverte,

Ils revinrent chez eux, tandis que, dans les pleurs,

Magdeleine, à la porte, avait l'aspect des fleurs

Qu'on voyait auprès d'elle, et qui brillaient encore

De tous les diamants dont les couvre l'aurore.

Pendant qu'elle pleurait, indécise, en dehors,

Un vague espoir lui vint : et, se baissant alors

Pour voir dans le sépulcre, elle aperçut deux anges,

Gracieux séraphins des célestes phalanges,

Et qui, vêtus de blanc, jeunes et lumineux,

De leur robe éclairaient les objets autour d'eux.

Elle vit, au pouvoir de leur grâce divine,

Qu'une âme plus qu'humaine animait leur poitrine ;

Au tombeau de Jésus, tous les deux appuyés,

L'un où posait le chef, l'autre où posaient les pieds :

« Qu'avez-vous à pleurer ? » dirent à Magdeleine

Les brillants séraphins, prenant part à sa peine.

« C'est qu'ils ont enlevé le corps de mon Seigneur :

» Je le cherche et n'ai plus de trève à ma douleur. »

Et, s'étant retournée, elle vit devant elle

Jésus, ne sachant pas, dans sa peine cruelle,

Que ce fût lui ; mais pour le jardinier

L'ayant pris, et pensant que, gardien journalier

Des choses du jardin et de la sépulture,

Il savait de Jésus la secrète aventure.

« Si vous pouvez m'apprendre où je le trouverai,

» Dites-le-moi, Seigneur, et je l'emporterai. »

— Jésus lui dit : « Marie ! » Elle répondit : « Maître ! »

Jésus ressuscité s'était fait reconnaître.

Aux frères apprenant ce miracle imprévu,

Magdeleine aussitôt dit ce qu'elle avait vu.

De la sainte c'est tout ce qu'apprend l'Evangile ;

L'Ecriture nous a, par un exemple utile,

Montré la pécheresse abjurant ses erreurs ;

Pour prix de ses vertus, entrant dans les splendeurs

Où la gloire à jamais d'un pur éclat rayonne :

Au repentir ainsi Dieu promet la couronne.

XIII.

Des hymnes qui charment les airs,
Semblent monter jusqu'aux étoiles ;
Un vaisseau sillonne les mers,
Gonflant aux vents ses blanches voiles ;
Vers des rivages étrangers
Il conduit quelques passagers,
Apôtres d'une loi nouvelle.
Dieu, guidant ces hommes pieux,
Les destine, sous d'autres cieux,
A cueillir la palme immortelle.

Disciples aimés de Jésus,

Marthe, Magdeleine et Lazare

Portent les dons qu'ils ont reçus

A la Gaule demi-barbare,

Accompagnés, sur leur chemin,

De Trophime et de Maximin,

Comme eux patrons de la Provence.

Marseille accueille dans son port

Ces héros qui cherchent la mort,

Mais que bénit la Providence.

Idoles, fuyez à leurs voix !

Ils parlent: chacun vous délaisse.

Partez, faites place à la croix ;

Envolez-vous, dieux de la Grèce !

Voici le Dieu de vérité ;

L'infatigable charité,

Souriante, avec lui s'avance

Et convertit tous les mortels.

L'herbe croît près de vos autels
Et les pécheurs font pénitence.

Fuyez dans le fond des forêts !
Bardes, druides, druidesses.
Fleuves, bois sacrés, lieux discrets,
Ecoutez les vaines promesses
Qu'ils font aux dieux, en repoussant
Les bienfaits du culte naissant !
Savants observateurs des astres,
Coupez de vos faucilles d'or
Le gui sacré qu'on aime encor :
L'oubli va couvrir vos désastres.

Les dieux celtes sont aux abois,
Cernés dans la vieille Armorique.
Le généreux peuple gaulois
Suit la doctrine évangélique.
Bientôt les habitants du Nord

Vont reconnaître le Dieu fort.

Esprit de l'air, fuyez, féeries

Qui reparaîtrez sous Merlin !

Fuyez divinités d'Odin !

Fuyez aimables Valkyries !

Sapant tout injuste pouvoir,

L'Evangile affranchit la femme.

Faible et puissant ont même espoir :

Le livre divin les enflamme.

La justice et l'humanité

De l'ère de la liberté

Sont l'heureux et certain présage.

L'esprit bienfaisant de la Foi

De sa douceur marquant la loi :

L'Eglise abolit l'esclavage.

XIV.

Les Juifs cherchaient Lazare, et leur esprit jaloux
S'irritait contre lui d'un injuste courroux.
L'amitié de Jésus attirait sur sa tête
Des menaces de sang, effroyable tempête
Que chaque jour, plus fort, la colère appelait,
Car on aimait Jésus quand l'apôtre parlait.
Mais Lazare, à qui Dieu réservait la victoire,
Devait leur échapper. Nous trouvons dans l'histoire
Un constant témoignage, admirable et certain :
Les monuments d'abord, puis un livre latin,
Curieux manuscrit, trésor du moyen-âge,

Qu'un illustre archevêque, aussi pieux que sage,

Rabant Maur, s'appuyant de livres plus anciens,

Ecrivit pour offrir un exemple aux chrétiens.

Lazare et ses deux sœurs ont visité la France,

Et de la foi nouvelle éclairé la Provence.

Trophime et Maximim, qui les avaient suivis,

Eurent des évêchés, saintement desservis ;

Le temps a consacré ce souvenir intime.

Aix élut Maximin, Arles reçut Trophime,

Marseille avait Lazare ; Avignon, Tarascon

De Marthe ont consacré la mémoire et le nom.

Magdeleine semble être au-dessus d'eux admise

A servir de modèle à la naissante Eglise.

Quelques inscriptions et quelques vieux tombeaux

Sont aux yeux des savants comme autant de flambeaux.

De Marthe Tarascon possède la relique,

Que l'on visite encor dans une crypte antique.

Marseille aussi gardait de l'ami de Jésus

Les restes vénérés ; Autun les a reçus,

Pour les mettre à l'abri des hordes infidèles

Qui, deux fois, ont chez nous ravagé les chapelles.

Marseille vous connaît, noble et sombre abbaye,

Caveaux de Saint-Victor, et toi crypte vieillie

Par vingt siècles bientôt, asiles mutilés,

Où les premiers chrétiens se tenaient assemblés.

Nous savons, noirs séjours des ombres sépulcrales,

Que Lazare, en mourant, reposa sous vos dalles!

La Provence dès lors signale son éclat,

Par les auteurs fameux de son apostolat.

Magdeleine, surtout, dans l'Eglise nouvelle,

Verse les flots d'amour qui débordaient en elle.

Aix avait conservé, jusqu'au siècle dernier,

L'oratoire où d'abord elle aimait à prier.

Plus tard, cherchant la paix, loin des vains bruits de
[l'homme,]

Elle se retira, choisit la Sainte-Baume.

En sortant de Marseille, à l'Orient on suit,

En remontant son cours, un ruisseau qui conduit

A ces monts éternels des alpestres campagnes ;

La mer est près de vous, à droite les montagnes,

La cachant à vos yeux, bornent votre horizon ;

Une autre chaîne, en face, en ferme le vallon,

Qui, s'ouvrant tout à coup, s'élargissant en plaine,

Découvre au voyageur une plus vaste scène :

La Sainte-Baume, à gauche, ici s'offre à vos yeux.

Vous regardez au loin les Alpes dans les cieux,

Tandis que d'un grand fait, parcourant le théâtre,

Vers le fond qui s'élève et forme amphithéâtre,

Vous suivez le ruisseau qui descend des ravins.

Au vert sombre et douteux des chênes et des pins,

Succède un bois épais, dont le riche feuillage

Donne un charme indicible à la plaine sauvage ;

Puis, au-dessus du bois, un immense rocher,

Où le regard ému vient soudain s'attacher.

Une antique chapelle en surmonte la cime,

Marquant le point précis où cette âme sublime,

De sa grotte, en priant, était, sept fois par jour,

Ravie et transportée; à son Dieu, tour à tour,

Offrant le repentir, les larmes et la crainte,

Et les ravissements que Dieu donne à la sainte.

Ce site élève l'âme ; un air suave et pur

Baigne ces lieux déserts qu'éclaire un ciel d'azur.

Au pied du mont qui forme une muraille immense,

Près du bois verdoyant, plein d'ombre et de silence,

La grotte appelle encor la curiosité :

Dans l'enceinte où partout règne l'humidité,

On voit d'un seul rocher l'étrange sécheresse :

C'est l'endroit où priait, dit-on, la pécheresse.

On aperçoit, au loin, de ce lieu solennel,

La plaine où Marius, le dictateur cruel,

Des barbares défit la formidable armée,

Par les Romains, la mer et les monts enfermés.

En deçà c'est la plaine où vécut Maximin :

Un pilier respecté, sur le bord du chemin,

Consacre un souvenir de sa pieuse histoire.

Près de là, le pasteur avait un oratoire,

Où, retiré du monde, il vécut très-longtemps.

On dit que Magdeleine, à ses derniers instants,

Sentant sur ses deux yeux la mort appesantie,

Désira recevoir encor l'Eucharistie,

Et, près de Maximin, mourante s'épancher.

Voulant aller à lui, mais ne pouvant marcher,

Elle implora le Ciel à cette heure dernière :

De son cœur à l'instant une ardente prière,

Comme un divin parfum monta vers le Très-Haut :

L'aide du Tout-Puissant ne lui fit pas défaut.

Elle vit le Seigneur et chanta ses louanges.

Dieu la fit aussitôt transporter par les anges

Auprès de Maximin : l'évêque s'aperçut

Du désir de la sainte et chez lui la reçut ;

Le pasteur prépara le divin sacrifice,

Et le pain et le vin, d'un sacrement propice,

Ayant touché ce cœur que l'amour éclaira,

Auprès de Maximin Magdeleine expira.

Dans un tombeau d'albâtre il conserva les restes,

De celle qui montait aux demeures célestes ;

Le pasteur, en ce lieu, qui prit depuis son nom,

Fit construire une crypte où le pieux patron

Mit le corps de la sainte, et voulut qu'auprès d'elle,

On recueillit aussi sa dépouille mortelle.

A Monsieur J. SIMONIN,

Proviseur du Lycée de Saint-Quentin.

J'aime, au soleil levant, une agreste chaumière,
Que le jasmin en fleurs ou la vigne verdit;
J'aime le paysage où coule une rivière,
Où paissent des moutons, où le poulain bondit.
J'aime à voir la beauté, la grâce et la jeunesse,
Rivaliser d'éclat sur un front virginal;
Mais j'aime mieux les traits qu'imprime la sagesse
Sur un visage ouvert, bienveillant et loyal;

Et lorsque le savoir, d'une divine flamme

Eclaire un noble cœur, deux sentiments divers,

Le respect et l'amour, se disputent mon âme,

Et je ne sais auquel écouter dans mes vers.

C'est pourquoi, Simonin, t'épargnant la louange

De tes savants travaux, à dessein je me tais;

Je passe également sur cet heureux mélange

De solides vertus qui marquent tes bienfaits.

Cependant, ta bonté, comblant mon espérance,

Comme une aube sereine a rayonné sur moi.

Je ne puis commander à la reconnaissance,

Et je sens que déjà j'ai trahi mon émoi.

Je suis comme une harpe à l'arbre suspendue,

Que tous les vents du ciel en passant font vibrer,

Ou, comme dans le bois, une vierge perdue

Que le chant d'un oiseau fait sourire ou pleurer.

Je pensais à tous ceux dont le sort m'intéresse,

Quand le docte Iréné te fit le protecteur

De ce bien-aimé fils, souci de ma vieillesse.

Dis-moi, quand tu reçus cet enfant de mon cœur,

As-tu, nouveau Socrate, aussi rêvé qu'un cygne,

Eclos dans ta poitrine et s'envolant soudain,

Par des chants inconnus, d'une douceur insigne,

De surprise et d'amour faisait battre ton sein?

Ou bien, le recevant dans ta mansuétude,

Donnant tes soins au plant sauvage et sans valeur,

Voulais-tu, l'arrosant des ondes de l'étude,

A sa sève instiller la force et la saveur?

Et, généreux soutien d'un long apprentissage,

Voulais-tu désormais m'aider à recueillir

Des fruits que tu prévois, et m'assurer l'ombrage

De ce frêle arbrisseau qui commence à feuillir?

   Du froid des aquilons abrite sa jeunesse;

Et, puisque ton regard est descendu sur lui,

Dirige son essor et soutiens sa faiblesse:

Un vieillard malheureux bénira ton appui.

SI J'AVAIS A REFAIRE.

Si j'avais à refaire, ô mes jeunes années !
Je voudrais éviter plus d'un fâcheux retour ;
Je mettrais à profit vos heures fortunées
Et je vous remplirais de bonheur et d'amour.
Je fuirais les plaisirs dangereux ou frivoles :
Des faciles beautés dédaignant les faveurs,
Je ne donnerais plus mon cœur aux vierges folles,
Leur prodiguant le temps, les parfums et les fleurs ;
Je ne me joindrais plus aux compagnons d'orgie,
Dont l'amitié recèle un funeste levain,
Convives sans raison, qui perdent l'énergie
Dans l'ivresse des sens et l'ivresse du vin ;
Je n'applaudirais plus à des fous romantiques,
Esprits extravagants, auteurs échevelés

Dont les livres sont pleins de longueurs pathétiques,

A l'usage des sots et des cerveaux brûlés;

— Mais Racine et Boileau, La Fontaine et Molière,

Tasse et Byron, Shakespeare et les maîtres fameux,

M'enlevant dans l'essor de leur noble carrière,

Raviraient mon esprit au Parnasse avec eux.

Je voudrais me former au pur et beau langage;

Faire aimer ma franchise et mon urbanité,

Et, pour jouir longtemps des faveurs du bel âge,

Eviter tout excès nuisible à la santé.

Délicat et sensible, au milieu du bien-être,

Je saurais quelquefois me montrer généreux,

Mais sans jeter pourtant l'argent par la fenêtre,

Prodigue à tout propos comme un sot vaniteux.

Le sort d'aucun mortel ne me ferait envie:

On est riche dès-lors qu'on n'a besoin de rien.

Satisfait du présent, je voudrais, pour la vie,

Quoi qu'il pût m'advenir, m'assurer quelque bien;

Puis, peut-être, un bel ange, occupant ma pensée,

Sourirait par moments à mon esprit rêveur ;

Jaloux de voir sa vie à la mienne enlacée,

Je mettrais tant de soins à mériter son cœur,

Qu'approuvant mes efforts, sa mère et sa famille

Lui montreraient en moi l'avenir le plus doux,

Et, timide en ses vœux, la chaste jeune fille

Voudrait, dans son amour, m'appeler son époux.

Des fruits de sa jeunesse épuisant les délices,

Heureux de son bonheur, et fier de sa beauté,

Je voûrais sans retour, pour ces riches prémices,

Mon unique tendresse à sa félicité.

Mais hélas ! que d'instants perdus dans la carrière !

Que de beaux jours donnés au néant, à l'ennui !

Combien de jeunes gens sont restés dans l'ornière,

Que l'amour appelait au triomphe avec lui !

Du temps que sans profit l'oisiveté dévore,

La récolte eût gagné d'abondance et de prix ;

L'amant eût obtenu la vierge qu'il adore,

L'écolier paresseux eût remporté le prix.

LES ANGES.

Anges du ciel, aux blanches ailes,
Aux cheveux d'or longs et bouclés;
Séraphins, Archanges fidèles,
Habitants des lieux étoilés,
Votre bonheur est un mystère
Que Dieu cache à nos yeux jaloux;
Mais moi, pauvre enfant de la terre,
Souvent, souvent, je pense à vous.

Vous avez au ciel des bocages,
Des gazons verts toujours en fleurs;

Vous remplissez, sous les ombrages,

Vos jours d'ineffables douceurs.

Et quand vos bouches enfantines,

En chantant, parfument les airs,

Dieu, qui vous voit sur les collines

Sourit d'amour à vos concerts.

Heureux et purs, il vous fit naître

Aux fronts pleins de sérénité;

Il voulut, en vous donnant l'être,

Vous donner la félicité.

Créés d'une divine essence,

Avez-vous chacun vos amours?

Confondez-vous votre substance?

Aimez-vous, au ciel, pour toujours?

De votre chair blanche et rosée,

Quel est l'aliment précieux?

Est-ce l'éther, ou la rosée,

Et la manne pure des cieux ?

Corps visibles, mais diaphanes,

Le doux sommeil vient-il parfois

Reposer vos sens, vos organes ?

Quels sont vos plaisirs et vos lois ?

Sans doute, au ciel, Dieu qui vous aime,

Vous donna la variété;

Et vous, par un amour suprême,

Vous payez sa gratuité.

Tous les instants vous sont propices,

Souriez toujours au printemps;

Goûtez, dans ce ciel de délices,

Tous les bonheurs dans tous les temps.

Dites-moi, lorsque Dieu rappelle

Un être au cœur pieux et doux,

Après l'humanité mortelle,

Vit-il dans le ciel avec vous,

Près du Dieu que la terre adore,

Pleine d'espérance et d'effroi,

De nous se souvient-il encore?

Anges du ciel, répondez-moi.

RÉFLEXIONS SUR LES ANGES.

Habitants d'un monde malheureux, nous aimons, au milieu de nos afflictions et de nos découragements, à nous représenter ces êtres d'une nature excellente, qui goûtent, dans les jardins du ciel, les douceurs d'une éternelle félicité. Leur beauté nous charme, leur vertu nous encourage, et leur bonheur nous console, par l'espoir de le partager un jour, si nous cherchons à leur ressembler. L'idée de ces êtres bien heureux, loin de nous causer aucune jalousie, rafraîchit au contraire notre âme, comme si nous participions, par la pensée, à la paix dont ils jouissent.

L'espérance de devenir semblables aux anges du ciel, soutient bien des vertus ignorées, dont le passage sur cette terre n'est qu'une longue et douloureuse épreuve. Combien d'honnêtes paysans, de pauvres servantes, de laborieux artisans, passent leur vie dans les privations de la misère, dans l'exténuation d'un travail excessif, sans murmurer ni se plaindre, et soumis à la volonté de Dieu, dont ils espèrent une récompense dans le ciel !

Soyez forts et constants, vous tous qui travaillez à la vigne du Seigneur, car bientôt vous vous réjouirez. Je vous le dis, en vérité, vous ressemblez à ces ouvriers économes qui laissent leur argent aux mains de leurs maîtres, et qui, au jour du salaire, reçoivent un riche butin.

VIERGE DU CIEL.

—◦\◦—

Reviens, reviens, jeune beauté,
Reviens, aimable prophétesse :
Viens rendre à mon cœur agité
Le charme heureux de ma jeunesse.
J'avais quinze ans, lorsqu'un matin
Je vis paraître, avant l'aurore,
Ton vêtement tissu de lin,
Frais comme un lis qui vient d'éclore.

Ta bouche, au brillant vermillon,
Parfois me découvrait l'ivoire ;

Et tes ailes de papillon
Chassaient la nuit tranquille et noire.
Bientôt parut le jour d'azur :
Je vis la pudeur virginale,
Eclairant ton front chaste et pur,
Briller dans l'aube matinale.

Alors tu descendis des airs :
Ta longue robe était flottante ;
Pour ceinture, deux rameaux verts
Ornaient sa blancheur éclatante.
Tes yeux, pleins de célestes feux,
De l'avenir perçaient les voiles ;
Sur tes bandeaux de noirs cheveux
Brillait ta couronne d'étoiles.

Et tu m'as dit : « Crois au bonheur ;
» La vie a des jours de tristesse ;

» Mais les vierges ont la candeur,
» Et le bonheur, c'est la tendresse.
» Savoure ce souffle éthéré,
» Doux secret de la sensitive,
» Comme un voyageur altéré
» Boit aux eaux d'une source vive. »

En me quittant tu dis encor :
« Tu verras bien des jours paisibles ;
» Je répandrai mes rayons d'or
» Sur les sentiers longs et pénibles. »
Vers moi tu t'avanças soudain :
Je tremblai, mes genoux fléchirent ;
Sur mon front tu posas ta main,
D'amour tous mes sens tressaillirent.

Alors, remontant dans les cieux,
Tu t'environnas d'un nuage.

J'avais vu l'amour dans tes yeux,

Et j'adorais ta pure image.

Oh! depuis, les printemps m'ont fui;

Mets un terme à ta longue absence :

Il est encor temps aujourd'hui,

Demain, je perdrais l'espérance.

Jeune homme, ainsi mon avenir

Passait en riant dans mes songes ;

Les fleurs, le ciel et le zéphyr

M'ont fait croire à ces doux mensonges.

Mais l'illusion caressante,

Qui me berçait dans les beaux jours,

M'a montré son aile inconstante,

Et s'envole avec les amours.

LE BONHEUR.

Sur les flots que la brise agite,

Le ciel est calme et souriant.

Zéphire au bonheur nous invite,

Le soleil brille à l'Orient;

Les fleurs parfument le rivage,

Que, le cœur joyeux, je parcours;

Beaux oiseaux, charmez le bocage,

C'est le bonheur, chantez toujours!

Un esquif, sur l'onde mouvante,

Comme un cygne, élégant nageur,

Porte un voyageur sous la tente,

Près d'une vierge au front rêveur,

Jeune beauté suave et pure.

A leurs doux regards, les amours

Semblent réjouir la nature :

C'est le bonheur, aimez toujours !

Un jeune homme ardent voit la gloire,

La célébrité, les hasards;

A l'espérance il aime à croire,

Enfant de Bellone ou des arts.

Il parle à la foule idolâtre,

Il reçoit les grands tous les jours;

Il suit la cour et le théâtre :

C'est le bonheur qu'il voit toujours.

Plus tard, il rend à la richésse

Les honneurs d'un culte exigeant,

Et croit donner à la sagesse

Tous les soins qu'il donne à l'argent.

De fixer la chance il se flatte :

De la Bourse il connaît le cours ;

Et, pendant qu'au but il se hâte,

Le bonheur disparaît toujours.

Que le parvenu magnifique

Jette à foison l'or au plaisir !

Spectacles, banquets et musique,

Tour à tour vont le divertir.

Mais s'il a pour lui la fortune,

L'ennemi le prend à rebours :

La satiété l'importune,

Le bonheur le trompe toujours.

Illusion, vaine poursuite,

Heureux espoir bientôt déçu,

Vous nous menez à votre suite,

Et le temps passe inaperçu.

Votre voix au loin nous appelle;

L'homme, arrêté par mains détours,

S'épuise à la course, il chancelle :

Le bonheur s'éloigne toujours.

Au bonheur on rêve à la ronde,

Et, bien souvent, sages et fous.

Nous le cherchons par tout le monde,

Pendant qu'il nous attend chez nous.

On le trouve où l'enfant babille,

Il se plaît aux joyeux discours;

Quand il vient, c'est dans la famille

Que le bonheur descend toujours.

CONSEILS AUX JEUNES GENS.

—⋄—

Venez, j'enseigne la sagesse ;
Venez m'écouter, jeunes gens ;
J'instruis les hommes sans rudesse,
Et je les rends intelligents.
Je montre la route trompeuse
Où vous vous égarez parfois ;
Et je donne une âme joyeuse
A tous ceux que guide ma voix.

Aimez l'état que Dieu vous donne,
Soyez constants et courageux ;

Car la Providence abandonne

L'homme changeant et paresseux.

Délassez-vous à quelque étude,

Honorez toujours le savoir ;

Et prenez la douce habitude

De la retraite et du devoir.

De vos mœurs simples et discrètes,

Ecartez les honteux loisirs,

Le jeu, les amours déshonnêtes,

Et tous les énervants plaisirs.

Un cœur vigilant se défie

Du levain des mauvais penchans ;

Cherchez l'air pur qui vivifie :

Les grèves, les bois et les champs.

Fuyez, enfants, veuillez m'en croire,

La dangereuse volupté,

Les veilles et l'excès à boire,

Qui détruisent votre santé

Et font une courte carrière ;

Car ces vices abrutissants

Vous conduisent au cimetière,

Avec des regards caressants.

Choisissez, quand vous aurez l'âge,

Une compagne à votre cœur,

Et goûtez, dans le mariage,

Des jours de paix et de bonheur.

Le soir, près du feu qui pétille,

De beaux enfants sur vos genoux,

Vous ne verrez dans la famille,

Qu'amour et joie autour de vous.

Réglez prudemment la dépense

Sur vos gains et vos revenus :

L'épargne éloigne l'indigence,
Et les ans sont bientôt venus,
Où les ennuis et la détresse
Menacent l'homme en son déclin,
S'il n'a prévu, dans sa jeunesse,
Ses jours d'impuissance et sa fin.

Ne cherchez, dans la nourriture,
Que les salubres aliments ;
Bannissez la vaine parure
De vos modestes vêtements.
Fidèle époux, plein de tendresse,
Que votre loi soit la raison.
Gardez des fruits pour la vieillesse,
Du produit de chaque saison.

Donnez, à la veuve craintive,
L'appui de vos soins généreux ;

Asseyez le pauvre convive

Quelquefois avec les heureux ;

Et ne laissez pas la misère

Gémir près de vous vainement ;

Car Dieu, maître juste et sévère,

Vous fait venir en jugement.

Dans notre monde, où l'avarice

A souvent la part du lion,

Si les plus vaillants dans la lice

N'ont pas toujours le million,

N'accusez ni Dieu ni les hommes ;

Pensez que bientôt même sort,

Pauvres orgueilleux que nous sommes,

Va nous rendre égaux dans la mort.

LA PRIÈRE.

Vous, qui vivez dans les alarmes,
Incertains de votre avenir ;
Vous, qui nourrissez dans les larmes
Quelque douloureux souvenir ;
Vous, qui perdez dans la souffrance
Les doux rêves de l'espérance ;
Vous tous, travaillés et chargés,
Agenouillez-vous sur la pierre,
Epanchez-vous dans la prière ;
Soulagez vos cœurs affligés.

Dans l'angoisse et l'inquiétude,

Dans le péril et le malheur,

Dans toute épreuve et sentier rude,

Priez Dieu dans votre douleur.

Sous sa verge courbant la tête,

Dans une humilité parfaite,

Priez-le d'adoucir vos maux.

Bientôt un ange de lumière,

Viendra fermer votre paupière,

Et veiller sur votre repos.

Dans la langueur, la maladie,

Adressez-vous au médecin

Qui rendit Lazare à la vie,

Et fit qu'un lépreux devint saint.

Il communique à la piscine

La vertu de sa main divine ;

C'est à lui, dans l'infirmité,

Que, par une ardente supplique,

L'aveugle et le paralytique
Doivent demander la santé.

La prière réconcilie
Avec le Dieu consolateur ;
C'est l'aveu de notre folie,
La repentance du pécheur.
Chaste soupir et sainte flamme,
C'est la grâce entrant dans une âme
Qui, vers le ciel, prend son essor;
C'est un retour à la patrie,
Où toute douleur est tarie,
Mais où l'amour existe encor.

Buvez à la source d'eau vive,
Qui fait converser avec Dieu ;
L'âme ici-bas, pauvre captive,
Trouve la paix dans le saint lieu.
Esclave à la terre asservie,

En butte aux chagrins de la vie,
Son refuge est dans le Dieu fort,
Où la créature abritée
A, contre la mer agitée,
Une retraite dans le port.

Priez Dieu, dans votre jeunesse,
Pour qu'il veille à vos premiers pas ;
Dans l'âge mûr et la vieillesse,
Pour qu'il ne vous surcharge pas.
Ce qu'il vous accorde à tout âge,
C'est l'espérance et le courage ;
Et si, par votre charité,
Vous avez gagné la couronne,
Ce maître divin vous la donne,
Près de lui, dans l'éternité.

HYMNE.

Créateur des commencements,
Toi, dont la divine pensée
Donna la vie aux éléments
Et régla leur fougue insensée,
Veille encore sur les humains!
Et, quand l'impiété t'oublie,
Sème toujours à pleines mains
Tes dons sur la terre embellie.

Tes ouvrages sont les bienfaits
De ta sagesse et ta puissance;

Je vois, dans tout ce que tu fais,

L'amour et la magnificence.

De l'immense plaine des airs

Tu creusas les voûtes profondes;

Tes soins embrassent l'univers;

Ton trône est au-dessus des mondes.

Tu souffles les vents vagabonds;

Ta gloire apparaît dans la foudre;

C'est toi qui rends les champs féconds;

C'est toi qui réduis tout en poudre.

Le ciel aux brillantes couleurs,

Le faible oiseau dans le feuillage,

Le suave incarnat des fleurs :

Tout est sublime en ton ouvrage.

Qui répandit sur nos coteaux,

Les vins, les bois et la verdure,

Antiques dons toujours nouveaux,

Voile enchanté de la nature?

C'est toi qui voulais au bonheur

Enchaîner l'homme. Il fit le crime.

Tu restes son consolateur

Quand il fuit l'ange de l'abîme.

Tu dédommages la vertu

Des tourments d'un monde fragile;

Et, quand le juste est abattu,

Dans tes bras il trouve un asile.

Le méchant prospère un moment,

Mais tu maudis son sacrifice :

Quand vient l'heure du jugement,

Tu fais triompher la justice.

AIMEZ-VOUS.

Seigneur, je crois que cette terre
Est un lieu de punition ;
Que les chagrins et la misère
Sont dans notre condition ;
Que la vie, épreuve cruelle,
Est un effet de ton courroux ;
Que la vertu douce et fidèle
N'est pas commune parmi nous.

Je crois que l'esprit de malice
Triomphe de la vérité ;

Que la dure et froide avarice
Laisse languir la pauvreté ;
Que le vieillard, dans l'opulence,
N'a pas pitié de l'orphelin,
Et que ceux qui font l'abondance
Manquent de froment et de lin.

Cependant, tu vis, Dieu propice !
Tu compâtis à nos tourments ;
C'est ton amour et ta justice
Qui mesurent nos châtiments.
Dans nos souffrances éphémères,
Dans nos courtes prospérités,
Tu pèses les justes salaires
Que les hommes ont mérités.

Comme le pensait Origène,
Sommes-nous des anges bannis,

Subissant ici-bas leur peine,

Et selon leurs fautes punis?

Ou, maîtres de grands héritages,

Et déshérités tour à tour,

Nous donnes-tu, sur ces rivages,

A chacun un juste retour?

Secret divin! divin prodige!

Seigneur, nous ignorons ta loi :

Notre esprit, frappé de vertige,

S'égare en montant jusqu'à toi.

Mais tu vis, source intarissable;

Ta bonté, prodiguant les dons,

Pourvoit d'aliments notre table,

Et nos corps de fines toisons.

Il vous dit : Croissez, bois, verdure,

Fruits d'automne et fleurs du printemps;

N'es-tu pas son œuvre, nature,
Fécondité de tous les temps?
Moissons, richesse universelle,
Lait savoureux, miel et troupeaux,
L'abondance partout ruisselle
De ses innombrables canaux.

Divin maître, à l'homme indocile
Et tourmenté de soins jaloux,
Le Christ, annonçant l'Evangile,
Sème la parole : Aimez-vous!
Qu'à cette voix l'homme s'incline,
Au malheureux tendant la main;
Saint amour, charité divine,
Convertissez le genre humain.

Aimez-vous! aimez-vous, mes frères!
Que le vieux levain combattu,

Cède aux efforts doux et prospères

Des bons cœurs et de la vertu.

Et, remplis d'une ardeur nouvelle,

Attendant votre dernier jour,

Dans une amitié fraternelle,

Vivez d'espérance et d'amour.

LA JEUNE FILLE.

Un doux tressaillement parcourut tout mon être,
Quand je la vis, enfant, pour la première fois;
Ce fut tout mon destin, l'amour venait de naître,
Mais je ne croyais pas qu'elle eût fixé son choix
Sur un pauvre jeune homme, à qui toute espérance
Ne pouvait rien offrir qu'un obscur avenir.
Discret et résigné, je l'aimais en silence,
Gardant toujours en moi son riant souvenir.
Quand je la rencontrais, pendant la matinée,
J'étais rêveur alors, et charmé tour à tour;

Sa gracieuse image occupait ma journée,

Je ne voyais plus qu'elle, et ne songeais qu'amour.

Je voyais ses grands yeux pleins de vive lumière,

Dans leur sérénité, plus doux et plus brillants

Que les riches joyaux dont une reine est fière,

Et qui jettent partout leurs feux étincelants.

Après elle, en passant, la belle jeune fille

Laissait comme un parfum de fleur et de houri;

Chaste et suave enfant! à la voir si gentille,

Tout jeune homme eût voulu devenir son mari.

Aussi, quand elle allait, joyeuse, dans les fêtes,

Plus d'un danseur jaloux se disputait sa main,

Et pour donner raison à toutes ces conquêtes,

Il eût fallu danser jusques au lendemain.

Ceux qui la connaissaient, dans sa beauté splendide,

Savent si Greuze eût pu donner à ses portraits

Un plus charmant visage, un regard plus candide,

Et des tons embellis d'un incarnat plus frais.

Si sa bouche, où brillaient la santé, la jeunesse,

N'était pas comme un fruit vermeil et velouté,

Surpassant la cerise et la rose où s'empresse

Le papillon léger qui voltige en été.

Tous les feux que l'amour allume dans une âme,

Autrefois, à sa vue, ont embrasé mes sens;

Eh bien! cette beauté, ce trésor, c'est ma femme,

Et je l'aime aujourd'hui comme il y a vingt ans.

Tout charme, au prix du sien, n'est qu'une fantaisie,

Sa voix a des échos qui pénètrent mon cœur;

Et j'espère, avec elle, au delà de la vie,

Vivre du même amour et du même bonheur.

Des peines d'ici-bas, goûtant la délivrance,

J'espère encor la voir assise à mes côtés,

Epanchant en bienfaits sa paisible influence,

Comme elle fait déjà dans mes infirmités.

A MA FEMME.

Au vieux toit où la Providence
Abrite tes enfants chéris ;
Tu rêves, pendant ton absence,
Bien souvent, ma douce brebis.
Pour eux ton âme est alarmée ;
Tu voudrais les baiser toujours ;
Je le sais, ô ma bien-aimée !
Tes beaux enfants sont tes amours.

Pauvre colombe à l'âme austère,
Que d'épreuves à soutenir !

Tu voudrais, dans ton cœur de mère,
Leur faire un plus doux avenir.
Mais si le nid, dans la ramée,
Trouve le mil aux alentours,
Pourquoi crains-tu, ma bien aimée !
Dieu veille aussi sur tes amours.

Tu sais qu'après chaque voyage,
Quand tu reviens à la maison,
On se dispute ton visage,
Et les baisers vont à foison.
Oui, nous baisons, l'âme charmée,
Tes cheveux blancs, chastes atours.
Reviens donc, ô ma bien aimée !
Reviens auprès de tes amours.

LA PROVIDENCE.

Qui peut méconnaître tes soins,
Ame du monde, ô Providence!
Pour subvenir à nos besoins,
Tu vis parmi nous en silence.
Comme une mère à ses enfants,
Pensive en sa demeure obscure,
File le lin des vêtements,
Et pourvoit à leur nourriture.

Le malheureux que tu soutiens,
Connaît ta grandeur infinie;

Le puissant, comblé de tes biens,
Souvent dans son cœur te renie.
Il s'estime, dans son orgueil,
L'artisan de ce que tu donnes;
Mais sa maison s'emplit de deuil,
Lorsqu'à regret tu l'abandonnes.

En infligeant tes châtiments,
Tu prends en pitié les victimes;
Tes coups sont des enseignements
Pour nous préserver des abîmes.
Nous ne voyons que peu d'instants,
Dans cet univers périssable;
Ton œuvre, embrassant tous les temps,
Pour l'homme est incommensurable.

Quand le vent du sort en courroux,
Vient souffler sur mon toit paisible,

Je te crois encore avec nous,

Bonne toujours, mais invisible.

Après les jours désespérés,

Tu peux rendre le temps prospère ;

Tu sais des chemins ignorés,

Pour visiter notre misère.

Le temps dans son cours éternel,

Détruisant tout, roule son onde ;

Tu survis, Esprit paternel

De celui qui créa le monde.

La mort même accomplit tes lois

Dans un mystère impénétrable ;

Aux maux, sans espoir, que tu vois

Sa main ouvre un port secourable.

A MES AMIS.

Si le bonheur ne suit, vaine est notre prudence.
Aux labeurs, aux devoirs, je consacrais mes jours;
Et je vivais en paix, pensant, ô Providence !
  Que sur nous tu veillais toujours.

J'ai beau prendre, en mon cœur, la constance pour règle,
Pauvre, aveugle et meurtri, je descends au tombeau;
Jeune encore et vaillant, je me vois comme un aigle
  Pris et vaincu par un corbeau.

J'ai pourtant des amis, pléiade secourable,
De générosité champions et rivaux;
Je puis citer encore une vierge adorable,
  Qui, pour sa part, charme les maux.

Leurs noms, que dans mes chants j'espère un jour écrire,
Sont comme une oasis au-dessus du néant;
Je voudrais leur bâtir un ouvrage en porphyre,
  Surmonté d'un lion géant.

C'est dans les jours mauvais que leur amitié brille,
Et que je trouve en eux d'agréables soutiens,
D'affables protecteurs, que toute ma famille
  Voit comme des anges gardiens.

A de tels souvenirs, quand le barde s'enflamme,
L'ami reconnaissant vous suit jusqu'au trépas;
Car, nous avons ce feu pur et saint dans nôtre ame,
  Qui vient du ciel et ne meurt pas.

La muse est une voix de céleste origine :
En exil, ici-bas, Dieu la veut éprouver ;
C'est pourquoi du malheur, ô ma lyre divine !
    Tu n'as pas su me préserver.

Que doux soit l'avenir aux amis que j'honore ;
Que sur leurs noms aimés, quand les ans passeront,
Dieu sème les bienfaits, et qu'il bénisse encore
    Les enfants qui leur survivront.

MON TESTAMENT.

Enfants, je me prépare à l'heure solennelle

Où la vie apparaît comme un enseignement;

Et selon la coutume antique, universelle,

Je vous lègue mon bien. Voici mon testament :

Dans mon zèle soigneux, ma tendresse de père,

Je mets tout à profit : Je dois à tout songer;

Et mon inquiétude, active et salutaire,

Voudrait, même après moi, toujours vous protéger.

Je vais donc vous laisser, en mourant, ma richesse,

Et vous pourrez vous faire un avenir fort doux;

Gardez cet héritage, enfants, c'est la sagesse,

Que, dans mes derniers temps, je recueille pour vous.

Comme un arbre flétri, dépouillé de l'écorce,

L'homme, chargé d'ennuis et l'esprit abattu,

Quelquefois porte un poids au delà de sa force;

Et le monde croit voir chanceler la vertu,

Quand, lasse et dégoûtée, une pauvre âme humaine

S'épuise en vains efforts, patiente à souffrir.

Ce fut là mon destin; qu'au moins je vous apprenne,

Par de sages conseils, à vous en garantir.

Je ne vous ferai pas de morale stérile;

Instruit par le passé, mon amour soucieux

S'inspire des leçons d'une prudence utile :

Je veux faire de vous des esprits sérieux.

Ne sacrifiez pas le devoir au bien-être,

Afin de voir un jour votre nom respecté.

Souvenez-vous, enfants, que le Souverain Maître,

Dieu, qui lit dans nos cœurs, bénit la probité.

Attachez aux talents une noble poursuite,

Mais sachez que chez nous la pauvreté leur nuit;

Car, ordinairement, une folle conduite

Entretient les effets du malheur qui les suit.

Si vous voulez tenir une place honorable

Et, dans le monde, avoir un plus facile accès,

Possédez quelque bien, c'est chose désirable;

Et le courage, enfants, a souvent du succès.

Prenez donc du travail la précoce habitude;

Il est, dans les débuts, des ennuis, des lenteurs;

Le temps, l'honnêteté, le goût, l'exactitude

Couronnent à la fin les plus humbles labeurs.

Forts de votre jeunesse, entrez dans la carrière :

Etudiez le monde et soyez confiants.

De la dernière place, on voit, à la première,

S'avancer pas à pas les hommes patients.

Montrez dans votre état une âme vigilante;

Que vos soins assidus et votre activité

Découvrent tous ces riens, dont l'action constante

Est l'âme et le secret de la prospérité.

Fuyez ces amitiés, liaisons dangereuses,

Qui vivent de licence, agréable poison;

Ayez quelques amis, personnes vertueuses,

Qui sachent au plaisir allier la raison.

Evitez le regret de la folle dépense;

Dans la paix, le devoir, soutenez votre cœur.

Soyez prêts et joyeux : viendra la récompense

Que reçoivent toujours la constance et l'ardeur.

Soignez vos vêtements et votre nourriture;

Demandez au grand air, à la sobriété,

De vous faire un corps sain, riche et solide armure :

L'homme est plus courageux dans la bonne santé;

Qui la perd n'est bientôt qu'un fantôme inhabile.

Ménagez ce trésor d'un suprême intérêt :

Le gaspiller en vain, c'est faire l'imbécile,

Et braver un fléau qui nous tient en arrêt.

Représentez-vous bien cette imprudence haute,

Par le chagrin qui suit la sottise et l'abus :

Etre inutile à tous, et dire : c'est ma faute,

Finir dans les ennuis la vie à ses débuts.

Quand le dispensateur des choses de la terre

Eprouve la vertu, nous cédons au Dieu fort,

Et sa bonté nous rend quelque bien qui tempère

La souffrance morale et la rigueur du sort.

Enfants, que Dieu vous donne une santé fleurie!

Que la beauté de l'âme et la beauté du corps

Illuminent vos traits, et que l'amour sourie

Quand vos jeunes amis entendront vos accords!

Enfants, si quelque jour, craignant la solitude,

D'une douce union vous cherchiez la faveur,

C'est là, mes bien-aimés, que ma sollicitude

A droit de vous instruire : il s'agit du bonheur.

Ce que je vous dirai, c'est que le mariage,

Si l'on n'y prend bien garde, est un pas épineux ;

Tâchez de n'en pas faire un triste apprentissage,

Car c'est un doux état, ou c'est un joug affreux.

Cherchez donc un époux d'un caractère honnête,

A la raison fidèle, aimant peu les plaisirs,

Ferme dans le devoir, qui, personne discrète,

Au bien de sa maison borne tous ses désirs ;

Et, comme on doit penser que viendra la famille,

Pour avoir des enfants gais, sains et vigoureux,

Choisissez un époux chez qui la santé brille :

Vous aurez moins besoin de médecins pour eux.

N'oubliez pas non plus qu'il faut, dans un ménage,

Avoir des revenus. Pensez donc au budget.

Celui qui sans cela veut goûter du servage,

Se met dans la misère et traîne le boulet.

Enfants, si l'un de vous a le sort favorable,

Que celui-là vous soit un heureux bienfaiteur ;

Qu'il se montre toujours un frère secourable,

Et de vos intérêts le zélé protecteur.

Conservez entre vous l'amitié qui console,

Joignez-vous à celui qu'un danger poursuivra;

N'eussiez-vous à donner qu'une bonne parole,

Entr'aidez-vous, enfants, chacun y gagnera.

SUR UN ÉVANGILE.

Livre saint, par le temps et par Dieu consacré,
Voile ouvert à demi des célestes mystères ;
Sous tes replis divins, je vois le nom sacré
De ce Dieu qui, jadis, a visité nos pères.
Rocher resplendissant, où la vérité luit,
Eclairant notre marche à travers les abîmes ;
Heureux l'homme éprouvé qui par toi se conduit,
Et nourrit en son cœur tes oracles sublimes !

LE PHILOSOPHE ITALIQUE.

Je demandais à la science
Où va notre âme après la mort;
Et je cherchais, en conscience,
Si c'est dans l'abîme ou le port.
Mais le doute, aux lueurs funèbres,
Me montrait toujours le néant :
Car Dieu recouvre de ténèbres
L'esprit de l'homme, en le créant.

En contemplant, dans les nuits sombres,
Ces astres qui semblaient errer,

Dont le nombre passe les nombres
Que l'homme peut énumérer.
Je disais : Créature abjecte,
Que suis-je dans l'éternité ?
L'homme, ici-bas, n'est qu'un insecte,
Perdu dans cette immensité.

L'ordre à tout cependant préside,
Et règle tout également :
Fleur, métal, étoile ou fluide,
Plaine terrestre ou firmament.
Les monstres, dans les eaux salées ;
Les oiseaux, habitants des bois ;
Les cavales, dans les vallées ;
Dans le tout, chacun suit ses lois.

Lorsque notre chair corruptible,
Sur la terre a fini son temps,

La mort vient, mystère indicible,
Qui nous sépare des vivants.
L'âme, qui survit, se transforme,
Revêt un corps jeune et vermeil;
Et vit ainsi, changeant de forme,
Aussi longtemps que le soleil.

Sages et rois du monde antique,
Egyptiens, Persans, Hindous,
Héros de Carthage et d'Utique,
Vous êtes vivants parmi nous !
En vain, surpris dans les batailles,
Vos peuples sont exterminés ;
Vous renaissez aux funérailles,
A d'autres jours prédestinés.

Platon, Socrate, Pythagore,
Maîtres fameux, divins esprits,

C'est la raison qui fit éclore

Le feu sacré de vos écrits.

On nous cite encor vos exemples,

Et le temps, qui poursuit son cours,

Change les dieux, détruit les temples,

Mais vos leçons vivent toujours.

ÉPILOGUE.

Ainsi parlait un sage d'Italie,

Fameux alors, maintenant oublié.

Rêveur sublime, il prêchait sa folie,

Quand l'Evangile, en ce temps publié,

Livre divin, d'une vertu féconde,

Plein de douceur et plein de charité,

En épurant les croyances du monde,

Devait bientôt régir l'humanité.

COMMENTAIRE SUR LE PHILOSOPHE ITALIQUE.

La philosophie italique était très-répandue avant l'ère chrétienne, dans cette partie de l'Italie qu'on appelait la grande Grèce; elle s'y est maintenue, depuis Pythagore, qui en fut le fondateur, jusque plusieurs siècles après Jésus-Christ. Une fille de Pythagore avait conservé religieusement les manuscrits de ce philosophe, et en avait refusé des sommes considérables, quoiqu'elle vécût dans la pauvreté. Il ne nous reste rien de ces ouvrages, dont l'existence était connue, et si, comme le croyait Machiavel, la jalousie des sectes fait beaucoup pour éteindre la mémoire des choses qui leur sont opposées, il n'est pas insolite de conjecturer que ces livres ont pu être détruits, pour faciliter l'essor d'idées religieuses qu'ils contrariaient en établissant, avec une grande force, les doctrines de l'école italique, exagérées ensuite pour les faire tomber dans le ridicule. Pythagore fut le plus grand philosophe de son temps, et jouit d'une telle considération, qu'on venait de fort loin pour l'entendre, et que les hommes les plus distingués, par l'esprit et par le rang, se trouvaient heureux d'avoir pu l'entretenir quelques instants. Est-il probable que ce philosophe ait acquis une si grande réputation, par ses doctrines telles qu'on nous les a transmises, et que ces Grecs intelligents et instruits aient pu croire que l'âme de Platon et celle d'une mouche n'avaient d'autres différences que celles du corps qu'elles revêtaient, et cela à une époque où des idées plus vraisemblables, sur la transmigration des âmes, étaient répandues chez beaucoup de peuples, tels que les Egyptiens, les Hindous, les Juifs et les Gaulois entre autres, dont un illustre père de l'Eglise a dit: « Que leur religion était plus raisonnable qu'aucune autre des peuples païens ? »

De plus, nous savons que Platon, qui suivait Pythagore dans la métaphysique, avait sur l'âme et l'immortalité des idées si sublimes, que, longtemps après l'établissement du christianisme, les évêques chrétiens étaient partagés en deux partis, dont l'un cherchait à concilier les doctrines de Platon avec celles du christianisme. On appelait ceux de ce dernier parti, à cause de leur brillante éducation, les évêques de Rome, cette ville étant alors le centre de la civilisation, les distinguant ainsi des autres évêques, qui étaient la plupart des prélats illettrés, mais plus fervents apôtres de l'Evangile du Christ. La doctrine de la transmigration des âmes semble se reproduire d'elle-même dans l'esprit humain. On en trouve des traces dans tous les temps et chez tous les peuples. Les jeunes épouses indiennes vont sur les tombeaux, dans l'espoir de devenir fécondes, en y aspirant les âmes des morts ; et, de nos jours encore, pour ne citer que deux exemples, M*me* George Sand et l'auteur de *Ciel et Terre*, en sont fortement imbus. Il faut reconnaître que cette doctrine philosophique est l'une de celles qui satisfont le plus la raison, et qu'elle justifie la Providence de l'inégalité des conditions humaines, provenant des circonstances de la naissance, qui ne sont plus alors un effet du hasard, mais une récompense ou une punition; aussi, pour en triompher, n'a-t-il fallu rien moins que le christianisme, qui, se révélant par une morale d'une pureté inconnue jusqu'alors, et s'appuyant sur une tradition d'une authenticité incontestable, était appelé à s'étendre progressivement sur toute la terre, en affranchissant les peuples des lois et des croyances barbares de l'antiquité.

J'écris un livre de fantaisie, et je prie le lecteur de s'imaginer un philosophe pythagoricien, plongeant ses regards dans la nuit des âges, et se figurant cette multitude de générations qui, se succédant sans interruption, remplissent le monde de leur renommée et de leurs douleurs. En examinant les individus, il est frappé de la diversité de leurs caractères et de leurs visages; mais, en interrogeant l'histoire qui lui révèle

les mœurs des temps passés, et la peinture qui, par un art merveilleux, conserve l'image des générations éteintes, il revoit, dans chaque siècle, la même diversité, les mêmes passions et les mêmes visages, de sorte qu'il lui semble que ce sont les mêmes hommes. Il y a bien parfois quelques changements dans les vêtements, les mœurs et le langage ; mais les cœurs, les esprits et même les visages ne sont point changés. Il m'a paru très-poétique, en évoquant ces croyances, de dérouler le tableau de l'humanité, se perpétuant et se régénérant par la mort. Est-il rien de plus merveilleux, de plus solennel et de plus digne des méditations de l'homme ! Les malheurs particuliers sont comme absorbés devant cet océan de vie et de destruction; l'orgueil s'humilie et la prospérité perd son enivrement. Je fais comme ces Egyptiens de l'antiquité qui, au milieu des joies du festin, présentaient l'image d'un cadavre aux convives, en leur disant:
« Profitez des courts instants que vous vivez : car bientôt vous serez semblables à ceci. »

LES MONDES.

Avez-vous quelquefois, la nuit, dans le silence,
Contemplé, tout rêveur, les astres dans les cieux?
La plupart, points brillants où le feu se balance,
Sont de lointains soleils que découvrent nos yeux.
Autour de ces soleils, d'autres globes gravitent,
D'utiles végétaux couvrant leur nudité.
Des êtres comme nous probablement s'agitent
Dans ces mondes de peine ou de félicité.

Quoi! l'étoile qui brille, à notre esprit rappelle
Un soleil, entraînant son mouvant tourbillon;

Et mesurer l'abîme où luit cette étincelle,

Dépasse tout effort d'imagination.

Quel homme, au cœur si ferme, en contemplant ces choses,

De vertige et d'effroi pourrait se garantir?

Ajoutez-y la mort et ses métamorphoses,

Cercle fatal auquel tout doit s'assujétir.

Un astronome a fait cette peinture étrange :

Un globe de deux pieds figurant le soleil;

Notre globe est un pois, Jupiter une orange,

Pallas, au grain de sable est à peu près pareil.

Imaginez-vous donc cette effrayante masse

De notre globe, amas de pesants minéraux;

Plus de soixante ainsi mus dans un même espace,

Et l'un deux environ quinze cents fois plus gros.

Le soleil est au centre. A diverses distances,

Et divers en grosseur, même loi les conduit,

Selon l'éloignement, changeant leurs influences,
Astres pleins de lumière, ou plongés dans la nuit.
Les uns près du soleil, tels Vénus et Mercure,
Sont les séjours bénis, les jardins du bonheur;
Et les plus éloignés ont une loi plus dure :
Le climat rigoureux, la disette et l'horreur.

O néant de l'orgueil! O grandeur infinie!
Comment l'homme peut-il oublier, dans son cœur,
Qu'il n'est qu'une âme en peine, inquiète et bannie,
Ignorant son chemin, son but et son auteur!
Qui sait si, pour un temps, dans les mondes de peine,
Pour quelque grand péché, Dieu ne nous place pas?
Mais, oubliant l'offense et sa loi souveraine,
Quand la charité marche avec nous sur nos pas.

Peut-être sommes-nous ici-bas, pour des fautes
Qu'en un lieu plus heureux nous fîmes autrefois.

D'un monde misérable incorrigibles hôtes,

De notre Dieu toujours nous transgressons les lois.

Les ossements des morts, jonchant notre domaine,

Ne nous amendent pas; et nous restons méchants.

C'est pourquoi nous voyons, dans notre race humaine,

Toujours les mêmes maux et les mêmes penchants.

De ces anges déchus, punissant la malice,

Dieu les laisse exposés à leurs propres méfaits.

Quelques rares vertus, fléchissant sa justice,

Dans un monde meilleur vont goûter ses bienfaits.

La foule pécheresse habite nos vallées :

Tour à tour artisans, riches, nécessiteux.

Les mauvais cœurs s'en vont aux terres désolées,

Ou revivent chez nous, pauvres, nus et honteux.

Hommes! songez-y donc, la plus belle carrière

Aura le désespoir pour avenir certain,

Si vous n'avez pas fait, quand vient l'heure dernière,

Les œuvres de bonté que l'on doit au prochain.

Le devoir n'est pas moins que tout ce qu'on peut faire.

Aux saintes lois du Christ, qu'enfants vous embrassez,

Un cœur sec en priant pense en vain satisfaire :

Il faut faire du bien, et même en faire assez.

COMMENTAIRES SUR LES MONDES.

C'est Herschell qui a eu l'ingénieuse idée de représenter notre système solaire par des objets qui nous sont familiers, et de rendre ainsi appréciable, aux intelligences les moins exercées, les énormes dimensions des divers globes qui le composent, et les immenses distances qui les séparent.

J'ai écrit ces vers dans une sorte d'extase, où me plongeaient mes réflexions sur les destinées de l'homme et la contemplation des merveilles du ciel, sublimes sujets que je n'ai fait qu'effleurer. Je ne sais si la brièveté de ce fragment ne nuit point à l'effet que je me suis proposé; mais il m'a semblé qu'il suffisait de montrer au lecteur ces grands ouvrages de Dieu, pour lui faire partager l'admiration dont j'étais pénétré.

Il y a tant de majesté et d'intérêt dans ce sujet, qu'il m'a suffi de l'exposer avec clarté : l'imagination pouvant à peine atteindre à la vérité, je n'avais pas besoin d'ornement superflu.

A UNE JEUNE MUSICIENNE.

CORINNE.

Je sais d'où vous venez, ô fille de la Grèce !
Sur l'Hymète, autrefois, foulé par vos pieds nus,
Vous chantiez la vertu, la gloire et la sagesse,
Eveillant des accents jusqu'alors inconnus.
Vos yeux resplendissant d'un sublime délire,
En extase, à vos pieds, les sages éblouis,
Et vos deux blanches mains arpégeant sur la lyre,
Tout révélait en vous des attraits inouïs.

Alcibiade en pleurs, admirant en silence ;
Et Socrate attentif assis à vos côtés,

Des héros, des rois même, amants de l'éloquence,
Vous écoutaient chanter, émus et transportés.
Charme heureux et divin, qu'enfante l'harmonie!
Que ce soit la musique ou les discours savants,
C'est l'esprit inspiré, c'est toujours le génie;
Corinne, son tribut et la gloire et l'encens.

Alors, ce peuple ardent, que l'histoire contemple,
Inscrivait votre nom parmi les immortels;
Donnait l'or en lingots pour vous bâtir un temple,
Et l'encens aussitôt brûlait sur vos autels;
Au fronton, on lisait ces mots : Temple à Corinne.
Les parvis de ce temple aujourd'hui sont déserts;
La Grèce, hélas! n'est plus qu'une noble ruine;
Mais vous êtes toujours la Muse des concerts.

Chacun, autour de vous, s'empresse à vous entendre :
Un progrès suit toujours vos savantes leçons;

Chaque mot enrichit celle qui veut apprendre,

Et vous, bonne toujours, vous prodiguez ces dons,

Semblable au beau danseur, courtisan magnifique,

Que les nobles suivaient comme des mendiants,

Ramassant ses bijoux, lorsque, de sa tunique,

Il secouait rubis, perles et diamants.

Muses des doux accords, généreuse à l'extrême,

Tant, qu'on ne sait choisir de l'esprit ou du cœur,

Montrez-vous indulgente au vieillard qui vous aime;

Flattez son amitié, cela porte bonheur.

J'aurais dû peindre aussi votre aimable sourire,

Votre petite main, vos traits fins et charmants :

Sujets délicieux ; mais je dois vous le dire :

Ce sont choses d'amour, et moi j'ai cinquante ans.

CORINNE.

—⋄—

Au milieu des jeux et des fêtes,
Les cœurs suivent vos pas joyeux;
Tel, au milieu des fleurs coquettes,
Un beau lis captive les yeux.
Orné de sa blancheur divine,
Il charme nos regards surpris ;
Ainsi, de vos attraits, Corinne,
Les yeux et les cœurs sont épris.

Mais, vous croyez ces dons frivoles,
Si l'âme n'y joint son éclat;

Vous nous charmez par des paroles

De l'esprit le plus délicat.

Et le cœur le plus indocile,

S'envole vers vous tout entier,

Quand, nouvelle sainte Cécile,

Vos doigts font parler le clavier.

Quand vous chantez, bonheur étrange!

Je rêve aux choses d'autrefois.

Chantez, chantez, gentil archange,

J'aime vos chants et votre voix.

Je me résigne au vent contraire

Que le ciel souffle en son courroux;

Et, joyeux, je bénis la terre,

Où je trouve un objet si doux.

LA COUPE.

Sylphes légers, gais enfants du bonheur,
Qui fréquentez les riantes prairies,
Et qui dormez au milieu d'une fleur,
Sur les muguets ou les roses fleuries.
Peuple charmant, qu'un rayon de soleil
Porte dans l'air, avec l'amour en croupe,
Vous qui parez Corinne à son réveil,
Savez-vous bien que j'ai bu dans sa coupe?

C'est elle aussi qui fut mon échanson,
Tous les oiseaux venaient à sa fenêtre;

Et chacun d'eux gazouillait sa chanson,
Ravi d'amour en la voyant paraître.
Vin du Berri, par sa main présenté,
Des blonds amours vous me montrez le groupe ;
Chantez, oiseaux, je bois à la beauté,
Mon cœur triomphe, et je bois dans sa coupe.

Jolis amours, ne soyez pas jaloux
De la faveur que me fait cette belle ;
Les tendres soins, les regards les plus doux,
Ne sont pour moi qu'une épreuve nouvelle.
Le temps, hélas ! m'a fait plus d'un affront :
Je ne vois plus votre joyeuse troupe.
Du myrte heureux je n'orne plus mon front,
C'est tout pour moi d'avoir bu dans sa coupe.

A BÉRANGER.

O Béranger ! c'est la lyre d'Orphée
Qui, sous tes doigts, rend des accents si doux ;
Ta voix magique est celle de la fée
Qui te berçait jadis sur ses genoux.
Ses gais refrains, sur ta noble indigence,
Ont répandu leur souffle inspirateur.
O Béranger ! la Fée et l'Espérance
Ont couronné ton luth consolateur.

De ce séjour, quand ton âme s'exile,
Quand tu nous peins les désastres du temps,

Pour y rêver j'abandonne la ville,

Et la sagesse occupe mes instants.

Bientôt, charmé par ta douce harmonie,

Je sens l'amour, l'ivresse, le bonheur.

O Béranger! les Muses du génie

Ont couronné ton luth consolateur.

Tes chants joyeux, dans ses jours de victoire,

Osaient braver un géant redouté;

Mais, dans sa chute, il invoqua sa gloire :

Son nom fameux par toi fut répété.

De son exil, où régnait la souffrance,

Ta muse alors adoucit la rigueur.

O Béranger! les enfants de la France

Ont couronné ton luth consolateur.

Les étrangers, débordant la frontière,

Foulaient aux pieds nos champs abandonnés;

Nos bataillons gisaient dans la poussière,
Sur nos drapeaux sanglants et profanés.
Mais tu chantais, et ta lyre attendrie,
De ton pays dissipa la stupeur.
O Béranger! les dieux de la patrie
Ont couronné ton luth consolateur.

Les suzerains de nos châteaux gothiques
Cherchaient encore à dîmer nos moissons;
L'hypocrisie étalait ses reliques :
Tu leur appris le pouvoir des chansons.
Le peuple alors sut repousser l'outrage,
Et la raison osa fronder l'erreur.
O Béranger! les peuples, d'âge en âge,
Couronneront ton luth consolateur.

CH. FOURRIER.

Vieux ouvriers, travailleurs de routine,
Nous bâtissons sur des plans erronés;
Nous ajoutons, sans prévoir leur ruine,
Mille appentis à des murs condamnés.
L'œuvre s'achève aux bravos de la foule;
Mais les destins n'en furent pas compris :
L'orage vient, l'édifice s'écroule,
Et le torrent disperse les débris.

Tout est chaos : croyances ténébreuses,
Sciences, lois, intérêts, passions,

N'est-il donc pas d'étoiles lumineuses,
Pour éclairer la route aux nations?
Vaisseau perdu que la tempête escorte,
L'humanité doit donc toujours errer?
Va-t-elle au but, un tourbillon l'emporte,
Et l'ouragan mugit pour l'égarer.

Non, Dieu, toujours équitable et propice,
N'a pas semé les vertiges sur nous;
Sa main n'a pas creusé le précipice
Où s'engloutit l'espérance à genoux.
Dieu créateur! non, ta bonté céleste
N'a pas voulu tous les maux des humains :
C'est l'homme seul, en son erreur funeste,
Qui, du bonheur ferme tous les chemins.

Pour l'avenir, que le sage redoute,
On fait des vœux, on propose des lois;

Mais nul encor n'a dépassé le doute,
La vérité fuit ce globe aux abois.
Fourrier paraît. Sa science féconde
Promet la vie aux peuples expirants;
Il a trouvé l'équilibre du monde,
Et le plaisir convertit les tyrans.

Docte légiste, ingénieux prophète,
A l'univers montre tes ailes d'or;
Instruis la terre, achève ta conquête,
Et vers l'Eden excite notre essor.
Plus de soucis, de poignantes misères :
L'amour, partout, réjouira nos yeux;
Tous les humains seront unis en frères,
Que le festin rend égaux et joyeux.

Douce utopie, où renaît l'espérance,
Rêve d'azur que Bernardin aimait;

Fais succéder à des jours de souffrance,

Les jours heureux que ton règne promet.

La nuit obscure a de sombres images :

Des feux errants, des hiboux, des terreurs;

Mais le soleil chasse les noirs présages,

Et ses rayons font éclore les fleurs.

NAPOLÉON.

Vous connaissez son nom, ce nom qui, dans l'Europe,
Retentit tant de fois, puissant et glorieux;
Le nom de ce soldat que la tombe enveloppe,
  Encor terrible et radieux.

Il sortit triomphant des discordes publiques;
Eleva des palais et creusa des canaux;
Disposa du destin des rois, des républiques;
  Fit des sujets de ses rivaux.

Mais le sommeil fuyait de sa vive paupière,
Et, devant lui, jamais ni repos, ni plaisir;

Car l'éclair de ses yeux allumait sa lumière
    Dans l'âme qu'il allait saisir.

Le jour, , il s'agitait comme un torrent sauvage,
Effrayant dans son cours toutes les nations ;
La nuit, il méditait pour calmer chaque orage,
    Que suscitaient les factions.

Un peuple de soldats admirant son génie,
Choisit, pour Empereur, ce Dieu qu'il adorait ;
Quelquefois, fatigué d'une guerre infinie,
    Le grand monarque soupirait.

Mais, de ses régiments, le spectacle magique,
Electrisait son âme, excitait son ardeur ;
Et ses guerriers charmés, à sa voix prophétique,
    Acclamaient l'illustre Empereur.

Bientôt, dans un combat, lui restait la victoire,
Et les Français, séduits en voyant leur drapeau

Porter si loin leur nom, refléter tant de gloire,

  Etaient fiers d'un titre si beau.

Souvent il franchissait ses Etats tributaires,

Et venait voir sa France et sa brillante cour;

Que de fêtes alors, d'extases populaires,

  L'accueillaient par des cris d'amour!

Mais le géant succombe, après mille batailles :

Il n'en restera rien, pas même un souvenir.

L'Océan verra seul ses tristes funérailles;

  Les révolutions vont finir.

Il n'en restera rien!... brisez donc la colonne;

Effacez donc sa gloire, en mille lieux divers;

Dévastez ces travaux, dont la grandeur étonne,

  Et qui remplissent l'univers!

Et de nouveau-venus mutilaient son image,

Contestant ses hauts-faits, et niant qu'il fût roi.

Eux que, s'il eût paru pour venger cet outrage,
> Son regard eût tués d'effroi.

Son règne était passé : Trop de grandeur humaine,
Rend quelque Dieu toujours implacable et jaloux ;
Le souverain, captif, est mort à Sainte-Hélène,
> Grand et malheureux entre tous.

L'Océan nous gardait son humble sépulture,
Sur un rocher battu des vents impétueux ;
Et semblait l'honorer par le triste murmure
> De son reflux majestueux.

Après tant de travaux, de gloire et de souffrance,
Le vaillant Empereur a trouvé le repos.
Son sépulcre, élevé dans le cœur de la France,
> Console l'ombre du héros.

L'ART DE FUMER.

INTRODUCTION.

De tous les agréments dont la vie est semée,
Si, m'en laissant un seul, on m'offrait à choisir,
Je voudrais m'enivrer dans les flots de fumée
Qu'un tabac savoureux, en brûlant, fait jaillir.
Quel bonheur, en hiver, par la neige et la glace,
De fumer près du feu! tout alors nous sourit.
Des soins inquiétants la pipe nous délasse,
Et ce charme est toujours favorable à l'esprit.
L'art de fumer n'est pas ce que croit le vulgaire
Un simple passe-temps d'Amérique importé;

C'est, aux ennuis du monde, un repos salutaire,

Un utile talent, très-bon pour la santé ;

Et moi, qui de sagesse et de raison me vante,

Je vais en enseigner les règles dans mes vers.

On verra les bienfaits que ce bel art enfante,

Et je vous en dirai les usages divers.

QUELQUES BONNES PIPES.

Chaque peuple a sa pipe et suit sa fantaisie ;

C'est le doux calumet des Indiens chasseurs ;

On fume le chibouk en Afrique, en Asie,

Et l'Allemagne entière accorde ses faveurs

A la pipe en faïence, avec tuyaux à pompe,

Offrant de beaux portraits à tous les yeux ravis ;

Mais la prévention nous fourvoie et nous trompe ;

Je vais donc sur ce point donner quelques avis :

La pipe d'Orient, qui se répand en France,

Est fort originale et très-bonne à fumer,

Mais à l'écume il faut donner la préférence ;

C'est la pipe classique, un fumeur doit l'aimer.

L'odorant mérisier est le tuyau d'usage,

L'ambre le rend parfait; mais le marchand rusé,

Vous offre quelquefois, pour gagner davantage,

Au lieu du mérisier, le houx mal déguisé.

L'odorat garantit de la supercherie.

Je dois parler aussi de la pipe en roseau,

Au pot rouge africain; Marseille est sa patrie ;

C'est une bonne pipe, un excellent tuyau.

J'aime la pipe en terre : on la fume à son aise,

Pipe du prolétaire et de l'homme rangé,

A ta gloire on ferait une autre marseillaise :

Calumet bienfaisant qu'on fume en négligé.

Quant aux légumes, bois et machines grotesques

Que pipes on vous vend, nous les mentionnerons

Comme des nouveautés d'un goût faux et burlesque,

Et bonnes, tout au plus, pour quelques fumerons.

Je n'aime pas non plus le caoutchouc, la corne ;

Mais dans cet art nouveau, tout n'est pas inventé ;

A ce dernier conseil aujourd'hui je me borne :

Libre dans votre choix, aimez la propreté ;

Mettez autant d'amour à soigner votre pipe,

Qu'un fleuriste émérite en met, dans son bonheur,

A soigner une rare et coûteuse tulipe ;

A la pipe aisément on connaît le fumeur.

LE TABAC.

Apre et fort, le tabac que la terre nous donne,

Est semblable à beaucoup d'utiles végétaux.

Il est bon que la main de l'homme l'assaisonne ;

De cette plante ainsi corrigeant les défauts,

On obtient un bienfait de la nature avare.

Récolté, le tabac, feuille à feuille étendu,

Salé, sèche et mûrit, lentement se prépare,

Et par des soins divers, son arôme est rendu

Moins mordant au palais, plus doux et plus suave.

Ce n'est qu'après beaucoup de travaux diligents,

Que ce baume salubre, enfin, défie et brave

Les goûts les plus parfaits et les plus exigeants.

La Havane est encore aujourd'hui renommée,

Pour le tabac exquis de ses riches planteurs;

De ces heureux climats la feuille parfumée

Va dans tout l'univers délecter les fumeurs;

Mais un autre tabac lui fait la concurrence

Et partage avec lui la gloire et le succès;

Et ce tabac, lecteur, c'est celui de la France;

Il a même souvent facilité l'accès

Des grands de l'Orient, gouverneurs de provinces,

Qui vendent leurs faveurs, eux et leurs favoris.

Vous êtes protégé, fêté par tous ces princes,

Si vous pouvez offrir du tabac de Paris.

LES CIGARES.

Si la pipe au fumeur est toujours agréable
Et se fume à Paris, à Berlin comme à Gand,
On désirait pourtant quelque objet fashionnable,
Pour les dames surtout et le monde élégant;
Le cigare a paru, magnifique insulaire :
Il ne s'offrit d'abord qu'aux fumeurs de la cour;
Mais bientôt, en cachette, il plut au prolétaire,
Qui le fuma plus tard, tout joyeux, au grand jour.
On l'affublait jadis d'un long tuyau de paille,
Et noirâtre, mal fait, d'un goût fort et commun,
Il piquait à la gorge; enfin, vaille que vaille,
Tous les lions du temps savouraient ce parfum.
De nos jours, à coup sûr, un grand éclat de rire
Accueillerait, chez nous, ces fumeurs de gala ;
Le goût s'est épuré, la mode a son empire :
Il faut le pur Havane et le Panatella,

Le doux Régalia, cigares admirables,

Et que je vous conseille, au reste, de fumer,

Si vous avez chez vous ces choses favorables

Qui permettent d'avoir tout ce qu'on peut aimer;

Mais le gouvernement nous fournit des cigares,

Excellents et bien faits, à trois, quatre et cinq sous;

On peut s'en contenter. Laissons donc les plus rares

Aux fumeurs pointilleux; nous pouvons fumer tous

Pour quelques sous comptant, car grâce à la régie,

Qui fait à l'étranger, tous les ans, des marchés,

Cigares et tabac sont, comme par magie,

A tous prix, en tous lieux, vendus sur nos marchés.

PRATIQUE.

Bien fumer, ce n'est pas une petite affaire,

Ce ne sont pas les sots qui gagnent à ce jeu;

Pour que l'on applaudisse à votre savoir-faire,

Apprenez à bourrer, ni trop fort, ni trop peu.

Vos soins minutieux à tout doivent s'étendre ;

Que la pipe toujours jusqu'au fond brûle bien ;

Quand le feu s'en éteint, jetez tabac et cendres :

Un tabac rallumé ne valut jamais rien.

D'un breuvage propice humectez-vous la bouche ;

Tassez votre tabac, fumez-le doucement ;

Savourez son arôme, et, si l'honneur vous touche,

Culottez votre pipe en noir, artistement.

Mais, aimable et poli, ne fumez près des dames

Que le cigare : aimez le Havane surtout,

Et l'amour sur vos pas fera brûler ses flammes,

Doux succès par lesquels vous arrivez à tout.

Imprégnez vos habits, imprégnez votre chambre

Du parfum distingué qu'exhale le fumeur ;

Recherché dans vos goûts, servez-vous d'un bout d'ambre,

Et vous serez partout reçu comme un vainqueur.

REFLÉXIONS.

Le fumeur vit content : Nul soin ne l'importune,
La pipe est son délice et fait sa belle humeur ;
Il regarde en pitié la gloire et la fortune,
Et le présent suffit à ce joyeux rêveur.
La fumée en spirale, aimable enchanteresse,
Par ses blancs tourbillons rend notre esprit pensif ;
Elle est comme un miroir de l'humaine sagesse ;
Fumer est très-moral, même très-instructif.
Pensez, en regardant voltiger ces nuages,
Aux choses d'ici-bas qu'on peut leur comparer ;
Ce sont de nos plaisirs les changeantes images,
D'insaisissables biens qu'on ne fait qu'effleurer.
O bonheur des heureux ! O douceur de la vie !
Hélas ! pourquoi sitôt vous ai-je donc perdus ?
Et la lumière aussi, qui m'est déjà ravie !
Dois-je encore espérer, me serez-vous rendus ?
Je suis comme l'oiseau maltraité par l'orage,

Et la feuille en plein vent qui commence à jaunir ;

Ou comme le roseau détaché du rivage,

Voguant, sur l'Océan, vers un sombre avenir.

Quand le vent souffle bien, l'homme imprudent s'y fie ;

J'ai vécu très-longtemps sans craindre ses effets ;

Je suis vieux et vaincu, mais la philosophie

Dit de garder son cœur, et c'est ce que je fais.

Quand les choses vont mal, patient et docile,

J'évite, si je puis, la peine et le danger ;

Je me flatte aisément et j'ai l'humeur facile,

Peu de chose suffit à me dédommager.

A INÈS.

Charmante Inès, ici je finis mon ouvrage,

Et j'y mets votre nom, comme un signe d'honneur,

Je n'exagère point ce légitime hommage

Au tabac, qui souvent fut mon consolateur.

Vous qui ne connaissez que l'amitié fidèle,

Et qui, pleine d'attraits, de grâce et de fraîcheur,

Pouvez vous comparer à la fleur la plus belle,

Devez-vous au tabac demander la saveur?

Aimable enfant, la mode est chose que j'ignore;

Mais tant que vous plairont les innocents loisirs,

Attendez, croyez-moi, ne fumez pas encore.

Si, plus tard, vous aimez le monde et les plaisirs,

Si, brillante, adorable, on vous voit dans les fêtes,

Enivrant tous les cœurs par vos jeunes appas,

Alors, de temps en temps, rêvant à vos conquêtes,

Vers quelque lieu chéri daignez porter vos pas;

Et là, régalez-vous, ma belle, d'un Havane,

A fumer doucement, sachez vous appliquer;

Mais, pourtant, cachez-vous aux regards du profane:

Les prudes et les sots pourraient vous critiquer.

L'ARGENT ET LA CHARITÉ.

Méditant à l'écart sur les calamités
Qu'entretient le torrent de nos iniquités,
Je regardais un temple où la foule s'empresse,
Eprouvant tour à tour la joie et la détresse.
Ces hommes remuants, affairés, l'œil hagard,
Demandent la fortune à des jeux de hasard :
Avocats, médecins, dignitaires et juges,
Des soins de leur état déplorables transfuges,
Rêvent chemins de fer, quatre et demi pour cent;
Le gain leur apparaît comme un dieu caressant.
Le bonheur insolent à tous les yeux s'affiche,
Et couvre de mépris quiconque n'est pas riche;

Les austères vertus, la paix, la piété,

Fréquentent peu ce lieu par la brigue agité.

Ah! fuyons ce tumulte et cherchons le silence,

J'aperçois un asile où règne l'innocence ;

Un orateur, au nom du Dieu de vérité,

Recommande aux chrétiens la Foi, la Charité.

L'auditoire à sa voix se montre-t-il docile ?

Est-il vraiment soumis aux lois de l'Evangile ?

Ces hommes ont Jésus pour modèle et pasteur,

Leur maintien recueilli marque bien la candeur,

Et la dévotion dont leur âme est remplie.

Voyons s'ils sont humains dans le cours de la vie :

L'un réclame une dette à des pauvres en pleurs,

Les poursuit en justice et perd ses débiteurs.

Un autre dit : Je dois consulter la prudence ;

Il faut donner, c'est vrai, mais je veux à l'avance

Avoir cinq mille francs par an de revenus ;

En a-t-il cinq ou six, bien certains, bien connus,

C'est peu, dit l'avarice, il faut au moins le double ;

Et le prévoyant homme à l'épargne redouble.

D'excellentes raisons payez-vous désormais,

Quand la charité tarde elle ne vient jamais.

Enfin, c'est un Crésus, cousu d'or, de richesses;

Oh! celui-là, du moins, sait faire des largesses!

Quand vient l'hiver, il donne un secours de deux francs

Aux pauvres qui sont bien dix mille sur les rangs;

J'espère que voilà de quoi les satisfaire,

Les vêtir chaudement! le feu, la bonne chère,

Pourront aller leur train. Cependant, confessez

Que pour vous, ô Crésus, cela n'est pas assez.

C'est partout l'égoïsme, aux discours hypocrites,

Insatiable, froid, et qui, de ses mérites

Complaisamment bercé, chaque jour s'applaudit,

Mais à qui Dieu dira : « Retire-toi, maudit! »

Admirez comme ils sont fiers de leur prévoyance,

Et comme ils vont mener une douce existence!

Ils ont beaucoup d'amis, des biens, de la santé,

Ils peuvent s'endormir dans la sécurité.

Vite, vite, apportez les actions de Bourse;

Apportez les contrats, vite, apportez la bourse;

La mort vient; quel chagrin s'ils laissaient leur argent.

Et leur bon portefeuille! O spectacle affligeant!

Ils sont morts tous les trois. Chacun va, sur la pierre,

De sa vertu posthume orner le cimetière.

Combien en trouvons-nous se targuant de la foi,

Qui ne sont que chrétiens de très-mauvais aloi!

On croirait, en voyant ces hommes à l'église,

Que le prédicateur en chaire évangélise

Des frères, des amis, qui n'ont que le salut

Et l'amour du prochain pour pensée et pour but.

Mais que de faux dévots de notre connaissance,

Hypocrites fieffés, remplis d'impertinence!

Loups mêlés aux brebis, envieux, médisants,

Dissimulés, sans cœur, haineux et malfaisants,

Qui, pour les maux d'autrui, sont de marbre ou de glace,

Et chez qui l'égoïsme a la plus large place;

Pharisiens méchants, avares, orgueilleux,

Comme ceux que Jésus, le regard sourcilleux,

Accablait sous le poids des divines colères,

Et que saint Jean-Baptiste appelait des vipères !

Ce sont des portraits vrais que je vous trace ici,

Je les connais, chacun peut les connaître aussi.

Chrétiens, ce mal est grand : il affaiblit l'Eglise;

L'homme simple, indigné, s'en plaint, s'en scandalise,

Et, confondant souvent les bons et les mauvais,

Pour fuir tous ces Judas, vous quitte pour jamais.

A vos convictions, si vous voulez qu'on croie,

Regardez votre Maître et marchez dans sa voie :

Aimez les affligés, imitez Jésus-Christ;

Méditez l'Evangile et cherchez-en l'esprit.

Ne l'interprétez pas au gré de l'avarice,

De votre superflu faites le sacrifice;

Soyez humains au pauvre et doux au serviteur,

Nourrissez l'affamé, secourez le malheur.

Prodiguez les bienfaits, montrez-vous équitables,

Miséricordieux, patients, pitoyables;

Sans cela, Dieu repousse une dévotion
Qui n'est qu'hypocrisie ou superstition.
Il est, je le sais bien, des enfants de lumière,
Chez qui la vérité veut régner tout entière,
Qui suivent l'Evangile, en tout, de point en point;
Qui savent leurs devoirs, et ne transigent point.
Francs, désintéressés, obligeants, droits, affables,
Meilleurs, s'il est possible, avec les misérables,
Prenant part à leur maux, soulageant leurs besoins
Et leur dissimulant ces charitables soins.
Mais le signe surtout qui les fait reconnaître,
C'est qu'ils sont bienfaisants.... Ainsi puissiez-vous être.

ANGE EXILÉ DU PARADIS.

J'ai lu que Dieu, ce Roi suprême,
Entouré d'un peuple si doux,
Punit les beaux anges qu'il aime,
Et les exile parmi nous.
Si près de vous chacun soupire,
Si tous les cœurs sont interdits,
Je vois d'où vous vient cet empire,
Ange exilé du paradis.

Oui, le ciel est votre patrie,
Vous habitiez ces champs d'azur;

Longtemps vous y fûtes nourrie

D'un vin céleste et d'un miel pur.

En vous voyant sur leur passage,

Les séraphins étaient ravis ;

Et tous voulaient vous rendre hommage,

Ange exilé du paradis.

Au ciel quelle fut votre offense ?

Hélas ! vous aimiez trop les fleurs.

Pour eux, de votre indifférence,

Les anges répandaient des pleurs.

La loi d'amour est éternelle,

Tous les êtres y sont soumis ;

Et vous seule y restiez rebelle,

Ange exilé du paradis.

Pourtant, les grâces, l'amour même,

Ont leur séjour dans vos yeux bleus ;

Ils ont orné d'un diadème
Les boucles de vos blonds cheveux.
Et soumis à leur souveraine,
Les sujets par vous asservis,
Baisent la main qui les enchaîne,
Ange exilé du paradis.

Tous les charmes de la jeunesse
Sont réunis dans vos attraits;
Un peuple autour de vous s'empresse,
Heureux de contempler vos traits.
Quand vous quittez votre ermitage,
Nous cherchons les sentiers chéris
Qui nous rappellent votre image,
Ange exilé du paradis.

ADMIRATION.

O merveille d'amour! O miracle des grâces!
Chaque jour donne un charme à ses attraits vainqueurs;
Et, quand nulle beauté n'évite les disgrâces,
Le temps, si rigoureux, pour elle a des faveurs.
O suave jeunesse! O regard bleu limpide!
Mon cœur, en y pensant, tressaille tout joyeux :
C'est qu'à la voir passer dans son coupé rapide,
Je l'ai prise aujourd'hui pour la fille des dieux.
Tu la prendrais, Amour, à son port de déesse,
Pour le portrait vivant des célestes beautés
Que les humains, jadis, adoraient dans la Grèce,
Le pays des héros et des divinités.

MESSAGE.

Doux hommages, partez, et prompts comme le vent,
Allez vous prosterner aux pieds de la déesse
Que, dans mes jours d'ennui, je vois passer souvent
Dans un ciel éloigné d'amour et d'allégresse.
Chantre aimable et joyeux de l'antique Théos,
Pour Louise apprends-moi les secrets de la lyre,
Et comment la beauté paie au Dieu de Délos
Le prix d'un chant divin, par un divin sourire.

ON PENSE A VOUS.

Voici la saison des amours,
Et les oiseaux au gai ramage
Chantent leur bonheur tous les jours.
Comme eux, caché sous le feuillage,
Je viens vous dire, ange aux yeux doux :
Que, dans cette scène animée,
Où manque une fleur bien aimée,
On pense à vous.

AVERTISSEMENT.

Je réunis, sous ce titre, quelques pièces qui font partie du volume de Poésies diverses que j'ai publié en 1860, et qui, soit pour le fond, soit pour la forme, me paraissent manquer d'un intérêt suffisant, ou n'être point à leur place dans la composition d'un recueil de ce genre. Je ne crois pas qu'elles contiennent rien d'exorbitant; cependant je ne les y mettrais pas aujourd'hui sans y faire au moins quelques changements. Néanmoins, plusieurs personnes ayant eu l'indulgence de s'en trouver satisfaites, je conserve ici ces pièces. Le lecteur, étant prévenu, voudra bien me tenir compte de cet avertissement.

PRÉFACE

La préface est ordinairement une réclame dans laquelle l'auteur cherche à établir le mérite de son livre, et à le recommander au public. Je crois, lecteur, que ces précautions ont fort peu d'influence sur vos jugements. Cependant je voudrais m'autoriser de cette liberté littéraire, pour vous engager à lire mes essais dans une disposition d'esprit favorable ; car, sans anticiper ici sur une histoire que j'ai le projet d'écrire, si l'instabilité de ma précaire existence me laisse le temps d'achever ce curieux roman, je vous dirai qu'ayant été atteint, il y a six ans, à l'âge de quarante-deux ans, d'une amaurose qui d'abord me faisait voir les objets comme dans une eau claire, et plus tard dans une eau vaseuse, ma vue a baissé au point qu'aujourd'hui je ne vois plus guère que le jour ; les objets m'apparaissant comme à travers une feuille de corne assez épaisse, ou comme vous verriez dans une eau trouble l'épreuve d'une planche gravée, qui, à force d'usure, ne rendrait plus que quelques lignes à peine marquées, et depuis que mes yeux ne peuvent plus surveiller ces petits incidents qui, n'étant presque rien par eux-mêmes, déterminent à la fin des effets considérables, je m'aperçois que tout me devient très-difficile.

Je vous prie, lecteur, de lire avec bienveillance l'exposé des circonstances qui ont donné naissance à cette publication. Ma santé, malgré mon état, étant aussi bonne que possible, je cherchais une occupation utile, et je pensais trouver quelque grande maison qui voulût me charger de placer, en voyageant avec un de mes fils, certaines marchandises importantes où les yeux n'eussent pas grand'chose à faire, telles que sucre, eaux-de-vie, vins, etc. J'avais une entière conviction de réussir dans cet emploi ; mais, pour cela, il fallait m'entendre avec une maison qui me fît assez de ressources pour rendre la chose possible ; et j'ai passé quelque temps en recherches infructueuses. C'est alors que, me rappelant avoir fait dans ma jeunesse sept à huit pièces de vers très-médiocres, j'essayai sans but avoué quelques poésies. Je commençai par la *Jeune Fille* et une *Chanson*, adressant ces deux pièces à ma femme. Vinrent ensuite : *A une Jeune Musicienne*, *Corinne*, *la Coupe*, *l'Art de Fumer*, *Conseils aux Jeunes Gens*, *les Mondes*, *la Prière*, etc. Après avoir rassemblé, en moins d'un an, une trentaine de pièces diverses, je me demandai si je ne pouvais pas tirer parti de ce travail ; et, quoique je comprisse bien qu'il ne m'offrait point une ressource suffisante en lui-même, il me sembla que cette aptitude que je venais de découvrir en moi, m'offrait la perspective d'une carrière qui, bien que pleine de difficultés, n'était pas absolument impossible. Reliant à cette idée l'accomplissement de certaines démarches que j'avais projetées, et qui pouvaient avoir pour moi de très-heureux résultats, mais que je ne pouvais faire moi-même, je m'adressai successivement, par correspondance, à quelques personnes bien posées. Les unes ne me répondirent pas, et les autres, après quelques minutes de chaleureuse sollicitude, ne pensèrent plus à moi.

Je pris enfin le parti d'aborder tout simplement le public, qui, en définitive, est le juge souverain et sans appel en matière littéraire. Je fis imprimer dans les journaux de Saint-Quentin quelques poésies qui me valurent, cette fois, des témoignages si flatteurs et d'un si grand poids, que je n'eus qu'à me féliciter de ma hardiesse. En publiant ce livre, j'ai la conscience de n'avoir rien produit qui puisse blesser l'honnêteté ou être une excitation au mal. J'espère, au contraire, que le lecteur y trouvera çà et là quelques sérieuses pensées, et que le sentiment religieux qui se fait jour dans plusieurs de ces compositions, me vaudra quelques sympathies.

INTRODUCTION.

Nous entendons dire autour de nous qu'on ne lit plus les vers, que la poésie est morte. Si cela était vrai, nous devrions déplorer la perte de cette muse éloquente qui naguère consolait le monde par ses chants gracieux et ses magnifiques récits. Mais rassurons-nous : Homère et Virgile ont encore des admirateurs ; Racine, La Fontaine et Boileau sont aussi populaires qu'en aucun temps ; et beaucoup de charmants poètes de nos jours ont été fort bien reçus parmi nous.

La Peinture et la Musique, qui sont les sœurs de la Poésie, obtiennent des succès moins contestés. La Musique semble avoir surtout l'heureux privilége de la faveur universelle. Elle n'enseigne rien, elle n'édifie rien, mais elle nous flatte, elle nous pénètre par les divers sentiments qu'elle exprime. C'est l'enchanteresse qui préside aux séductions et aux plaisirs ; c'est une sorte de sensualité de l'esprit. Aussi ne laisse-t-elle après elle, comme la volupté, à laquelle elle ressemble, qu'un souvenir délicieux et fugitif mêlé d'affaissement.

La Peinture, en frappant nos yeux, captive notre admiration. Elle nous possède par un charme saisissant et spontané plus calme et plus durable ; elle nous identifie avec les objets qu'elle représente, et dont elle laisse en nous l'image. Notre âme se complaît dans la jouissance des beautés sereines de la nature qu'elle offre à nos yeux, et s'exalte en présence des grandes actions historiques qu'elle consacre. Mais, comme la Musique, elle n'exprime la pensée que d'une manière vague.

La Poésie ne se produit pas d'elle-même, ne s'impose pas, pour ainsi dire, comme ses brillantes rivales. Cette fille du Ciel sait ce qu'elle vaut; il faut qu'on la cherche ; encore ne révèle-t-elle ses beautés infinies qu'aux enfants des hommes qui ont en eux quelque chose du feu sacré qui l'anime. Elle ne prodigue pas ses faveurs au vulgaire qui n'entend rien à sa sobre et savante harmonie. Elle est esprit : c'est à l'esprit de l'aimer et de la comprendre ; mais elle donne à ses favoris des joies ineffables ; elle les transporte dans un monde idéal où tout revêt à sa voix un intérêt merveilleux. Elle nous entraîne et nous instruit; ses œuvres sont pleines de faits curieux, d'enseignements et de belles sentences. Elle chante les événements mémorables, les mystères et les scènes de la nature, les joies et les douleurs de la terre. Elle sait tout et enseigne tout, sous le voile de ses ravissantes images.

Comment pourrions-nous refuser à cet art quelques instants dans nos loisirs? Quel plus noble délassement pourrions-nous choisir à nos travaux journaliers ? Quelle plus douce illusion pourrions-nous opposer aux décevantes réalités de la vie ? Aussi croyons-nous que la Poésie plaît à toutes les natures intelligentes et généreuses, qui y trouvent un agrément profitable, et, qui, entre autres avantages, acquièrent bientôt par la lecture de bons modèles, une grande facilité à s'exprimer.

La Poésie n'est pas seulement un choix de mots harmonieusement combinés : elle doit être nourrie de pensées ; et, soit qu'elle éclaire notre conduite par des avertissements salutaires, ou repose l'esprit par d'agréables peintures, soit qu'elle élève notre âme par de sérieuses considérations au-dessus des tristesses humaines, ou nous fasse aimer la vertu par des exemples qui excitent notre admiration, c'est par les idées qu'elle acquiert ce charme qui lui donne un succès durable.

On a reproché à la Poésie de notre temps de recouvrir souvent le vide du fond sous ses riches couleurs. Nous avouons qu'après avoir lu, dans notre âge mûr, quelques grands poètes de l'antiquité et des siècles derniers, revenant ensuite à nos lectures d'autrefois, il nous a semblé que de jolis ouvrages qui avaient fait les délices de notre jeunesse, justifiaient le reproche qui leur était adressé.

Les sévères appréciations dont presque tous les poètes ont été l'objet, à l'exception de quelques-uns, qui sont comme les dieux de la pensée, prouvent la difficulté de cet art. Lord Byron ne voit en Boileau qu'un rimeur sans inspiration. Un grand poète de notre temps, qui jouit, à juste titre, de l'admiration universelle, reproche à La Fontaine de propager dans ses fables une morale égoïste, et ne cache pas son antipathie pour le conteur inimitable.

Si les maîtres sont ainsi traités, que dira-t-on de cette pléïade d'esprits fins et délicats qui, par de moindres, mais incontestables mérites, pouvaient encore prétendre à l'estime publique? Soyons justes : reconnaissons la supériorité de ces génies dont tous les peuples ont consacré la gloire; étudions leurs ouvrages avec un pieux respect, acclamons ces poètes immortels; mais ne refusons pas quelques éloges aux derniers.

Si, après cela, on demande à quel titre nous osons nous présenter devant le public, nous répondrons : qu'on veuille bien nous considérer comme un naufragé que le vent a poussé sur une terre étrangère, où il n'a ni amis, ni possessions, ni domicile. Nous sollicitons comme lui une hospitalité gratuite. Mais il pourrait encore avoir à offrir quelques coquillages ramassés sur sa route. Je veux faire aussi acte de bonne volonté en vous présentant *Mon Testament et mes Conseils aux Jeunes Gens*, qui sont tous les deux écrits en style de complainte. Cela ne sera peut-être pas de votre goût, mais j'offre ce que j'ai, et de peur que vous ne trouviez que ce soit trop peu de chose, j'y joins deux épîtres d'amour adressées à ma femme, deux modèles de prière, un petit poème sur l'art de fumer, et quelques fantaisies sur divers sujets.

Je n'ai pas l'heureuse ardeur de l'école romantique qui a produit ces écrivains brillants, hardis et passionnés, qui ont naguère surpris et charmé le public par l'imprévu et la nouveauté de leurs œuvres. Les miennes n'ont pas la même étrange et réelle beauté. Je n'ai pas non plus la pureté de l'école classique, dont les ouvrages se recommandent par la justesse et la sobriété, et qu'on admire d'autant plus qu'en les étudiant davantage on en comprend mieux l'élégance et le génie. J'espère pourtant, vu la brièveté de mes essais, que vous pourrez lire ce recueil sans fatigue et sans ennui, et qu'il ne vous laissera pas un mauvais souvenir. Si vous y trouvez quelques bonnes pensées, j'estimerai avoir obtenu tout le succès auquel je pouvais prétendre.

BILLET D'ADIEU.

Vous quittez vos dieux domestiques ;
Vous allez habiter Paris.
Avec vous, de ces lieux rustiques,
S'en vont l'élégance et les ris ;
Et les sylphides, vos compagnes,
Verseront des pleurs superflus ;
L'ennui couvrira ces campagnes,
Où bientôt vous ne serez plus.

A Rosenval, heureux village,
On voit les Grâces maintenant,
Et l'Amour, dans le voisinage,
Fait votre éloge à tout venant.
Certains sylphes, à votre couche,
Veillent pour protéger vos jours ;
D'autres peignent sur votre bouche
Les roses qu'on y voit toujours.

Si quelquefois, quand vient l'aurore,
Vous ouvrez vos grands yeux si doux ;
Zéphire alors vous prend pour Flore,
Et vous appelle au rendez-vous.
Il admire les fleurs nouvelles
Qui croissent dans votre jardin ;
Mais vous trouve plus fraîche qu'elles,
Quand vous paraissez le matin.

Bientôt, d'adorateurs sans nombre,
Vos autels recevront les vœux ;
Et moi qui me cache dans l'ombre,
J'y porterai l'encens comme eux.
Quand tous chercheront à vous plaire,
Moi seul n aurai pas cet orgueil ;
Je prie à votre sanctuaire,
Sans jamais en franchir le seuil

CONSOLATION.

Vous, que j'exalte en mes louanges,
Dans l'ombre où mes jours sont plongés,
Chantez les cantiques des anges,
Priez Dieu pour les affligés ;
Car mon cœur saigne, et sa blessure
Demande un baume à la pitié :
Ma bouche alors, vers vous murmure
Un chant d'ineffable amitié.

Je suis l'arbre vert, dans sa sève
Déraciné par le torrent ;
Un vent fatal ainsi m'enlève
Aux jeux d'un monde indifférent.
Mais vous parlez, don de la femme,
Et par vous je suis consolé ;
Vous rendez la paix à mon âme,
L'espoir à mon cœur désolé.

Vous me rappelez Béatrice ;
Quand, sortant des lieux ténébreux.
Dante, effrayé par leur supplice,
Plaignant les pécheurs malheureux,
Fuyait, navré, le sombre empire.
A quelques mots pleins de douceur,
Qu'elle accompagnait d'un sourire,
Il renaissait tout au bonheur.

C'EST L'AMITIÉ.

A une Dame avec ses Enfants en vacances dans sa famille.

Quand les cieux sont noirs et funèbres,
Quand l'automne répand des pleurs,
Quand l'hiver aux longues ténèbres,
Sème la neige et les douleurs ;
Dans ce grand deuil de la nature,
Ces pleurs, ces soupirs de pitié,
Ecoutez, un chant doux murmure :
    C'est l'amitié.

Nourri dans le pays du songe,
De vanité, d'ombre et de bruit,
Notre esprit poursuit le mensonge,
Malgré la mort qui nous instruit.

Chaque espérance attend son heure,
Et toujours l'espoir est châtié ;
Mais s'il est un bien qui demeure,
  C'est l'amitié.

L'aimable mère de famille
Prend ses vacances loin de nous ;
Ses beaux garçons, sa belle fille,
Sont sa parure et ses bijoux.
Chacun l'aime, chacun l'admire,
L'époux adore sa moitié ;
Et le sentiment qu'elle inspire,
  C'est l'amitié.

Enfants, couronnez le bon père
Que les ans n'ont point abattu,
Patriarche au cœur débonnaire,
Qui vous fait aimer la vertu ;
Et pour consoler ce grand âge,
A tous vos plaisirs convié ;
Songez que le bonheur du sage,
  C'est l'amitié.

Heureux père ! heureuse famille !
Nobles enfants que Dieu bénit !

Des maux dont le monde fourmille,
Votre lot est le plus petit.
Le fin lin sur votre quenouille,
Le bras sur un autre appuyé,
Vous bravez le temps et la rouille,
      C'est l'amitié.

Bientôt une amitié nouvelle
Viendra réjouir notre cœur ;
Je prédis une jouvencelle :
Mais s'il venait un grand docteur...
Attendons pour plus de prudence
Que cela soit bien vérifié ;
Ce que je prédis à l'avance,
      C'est l'amitié.

FRAGMENTS DIVERS.

Nous conservons ici les deux épisodes suivants qui ont été supprimés de *l'Art de fumer*, contenu dans cet ouvrage.

Le premier commençait le chapitre : *Quelques bonnes pipes*, et le second, *le Tabac*.

<pre>
Le postillon dormant, un jour la diligence,
Cheminant au hasard, verse dans un fossé.
Alors, triste et confus de cette négligence,
Le conducteur croyait tout le monde blessé :
Un gros homme beuglait comme un veau qu'on égorge,
Et d'autres voyageurs prenaient le même ton ;
Une nourrice en pleurs se démontait la gorge
A crier au plus fort avec son nourrisson.
Un monsieur du coupé, son enfant et sa dame,
Augmentaient le vacarme. Enfin, sanglots et cris
Venaient de tous côtés : c'était à fendre l'âme ;
Le brave postillon n'en était pas surpris.
</pre>

Tombé sous ses chevaux, prestement il s'en tire ;
Et, remis sur ses pieds, il restait là debout,
Les regardant avec un flegme à faire rire ;
Il savait que souvent on est quitte du tout
Pour quelques quolibets, quand la peur est passée.
Il fouille dans sa poche et crie au conducteur :
Quelle chance ! ma pipe n'est pas cassée.
Ce sang-froid lui faisait, certes, beaucoup d'honneur.
J'aime ce trait ; j'ai dû vous le faire connaître ;
Il peut très-bien servir d'exemple à mes leçons :
Il montre de quel prix la pipe vous doit être ;
Revenons maintenant, lecteurs, à nos moutons.

On ne vante plus tant le tabac de Belgique :
Chacun sait, sur ce point, à quoi s'en rapporter.
Je dirai cependant le procédé rustique
Employé quelquefois pour nous en apporter.
Certain contrebandier de la sorte s'arrange :
Il régale ses chiens, les flatte en sa maison ;
Ensuite on les conduit dans quelque vieille grange,
On les charge d'abord, et sans plus de façon,
On les pille, on les rosse, enfin on les maltraite ;
On leur ouvre la porte, et, retournant le pas,
Tous les chiens de courir : chacun va d'une traite

Au logis de son maître, où l'attend un repas.
Ceux qui fouettent les chiens en douaniers s'babillent,
Ces chiens prenant en haine ainsi les douaniers,
En voyant les habits, des gens qui les houspillent,
En aiment d'autant plus leurs bons contrebandiers.
Le plus souvent encore, on lance sur la voie
Des chiens chargés de paille, afin que les commis
Par la ruse trompés, poursuivent cette proie,
Et le butin alors échappe aux ennemis.
Cependant, d'ordinaire, en fait de contrebande,
C'est quelque pauvre diable à pied, portant à dos,
Quelquefois, un chien seul, acheté d'une bande,
Vieux serviteur qui n'a que la peau sur les os.
A Saint-Amand, jadis, vivait un vieux ménage,
Couple obscur, indigent, qu'un chien entretenait.
Il partait le matin pour chercher son bagage,
Et le soir, sans manquer, toujours il revenait.
Du tabac rapporté le mince bénéfice
Suffisait aux besoins des modestes époux.
Un douanier zélé connut cet artifice,
Et le pauvre animal expira sous ses coups;
Le bon chien mort, bientôt tout espoir abandonne
Ces malheureux vieillards, qui, prenant le bissac,
Finirent tristement leurs vieux jours à l'aumône.
Maintenant, c'est assez; parlons du bon tabac.

Voici un fragment d'un petit ouvrage que j'ai fait dans ma jeunesse et qui a été perdu. C'est le seul passage que je me sois rappelé·

Ces deux anges étaient Zélie et Josiel,
Les plus beaux séraphins qui vécûssent au ciel.
De l'une les cheveux, sur ses deux blanches ailes,
Tombaient en boucles d'or. De vives étincelles
Sortant de son œil bleu, limpide, doux et pur,
Se formaient en rayons de lumière et d'azur;
Et, sur son frais visage, aux teintes purpurines,
On voyait éclater mille grâces divines :
La jeunesse, l'amour, la beauté, la candeur,
Et toutes les vertus qui donnent le bonheur.
Heureuse adolescente, au corps blanc, diaphane,
Se nourrissant au ciel de rosée et de manne,
Elle allait tous les jours, aux pieds du Roi des cieux,
Chaste enfant, répéter son cantique pieux.
Ses paroles vibraient, douces, harmonieuses,
Et remplissaient l'écho de notes gracieuses;
Sa bouche embaumait l'air de suaves odeurs,
Semblables aux parfums du calice des fleurs ;
Et Dieu voyant si belle une vierge si pure,
Admirait son ouvrage, aimait sa créature.

AUTRE FRAGMENT.

Parfois, peut-être, une comète,
Qui vient des profondeurs des cieux,
S'approche de notre planète,
Et nous emporte radieux
Sur quelque étoile secourable,
Oasis de l'immensité,
Où d'un bonheur inaltérable
Nous goûtons la félicité.

LE PÈLERINAGE

DE

CHILDE-HAROLD,

DE LORD BYRON,

TRADUIT DE L'ANGLAIS.

PRÉFACE.

Je livre à l'impression la traduction d'une partie du poème de Childe-Harold : le premier chant, que je viens de terminer, et le second, dont je ne suis encore qu'au tiers, mais que j'espère faire suivre en entier. J'ai écrit cette traduction pendant l'impression de ce volume, dans lequel elle vient inopinément prendre place. Ces deux chants n'auront donc point été soumis préalablement à cette maturité du repos, si favorable au perfectionnement des productions littéraires. Les personnes qui ont quelque connaissance de ces sortes de travaux, savent que des fautes incroyables peuvent échapper à l'auteur dans le premier jet de la composition, et que ce n'est quelquefois qu'après être entièrement reposé de son œuvre, qu'il les aperçoit.

Outre cette précipitation, j'ai encore à craindre les difficultés inhérentes aux traductions en vers, dont on ne voit guère d'irréprochables. Ainsi, dans celle qui m'occupe, tantôt le texte original renferme des obscurités dont la langue anglaise s'accommode et que la nôtre ne souffre point; tantôt la traduction amène un langage commun, incorrect, ou des consonnances désagréables, ou bien encore certaines tournures, certaines idées, qui paraissent très-naturelles, et même belles dans l'anglais, deviennent bizarres en passant dans notre langue, et le traducteur est en certains cas obligé de subir quelque chose de ces inconvénients, à peine de défigurer l'auteur qu'il traduit, et de n'en donner plus qu'une idée fausse; enfin la langue anglaise a beaucoup de formes brèves que nous ne pouvons rendre que par des locutions plus longues, et il est alors souvent impossible de renfermer dans une strophe française, toutes les idées contenues dans une strophe anglaise de même longueur.

Est-ce à dire qu'il faille renoncer à reproduire dans notre langue les ouvrages étrangers ? Je ne le pense point ; il est tels chefs-d'œuvre qui renferment de si grandes beautés, que, dussent-ils en perdre une partie dans une traduction, ils peuvent en conserver assez pour exciter encore un grand intérêt. Le poème de Childe-Harold est de ce nombre ; l'admiration dont il a été l'objet à son apparition fut si prodigieuse, que son auteur, qui n'avait pas atteint sa vingt-cinquième année, fut dès-lors considéré par ses compatriotes comme le premier poète de son temps.

Le monde avait alors les yeux fixés sur l'Espagne et la Grèce, ou de grands événements s'accomplissaient, et les descriptions que le poète fait de ces pays excitaient au plus haut point la curiosité publique ; l'opportunité contribua donc pour une grande part à ce succès inouï, mais les beautés de tous genres dont cette magnifique poésie est remplie, en font un ouvrage de premier ordre, admirable dans tous les temps.

On pense que le pèlerinage de Childe-Harold est le récit d'aventures ou d'impressions personnelles du noble lord. Cet ouvrage est divisé en quatre chants qui n'ont point entre eux une liaison rigoureuse; chacun d'eux décrivant différentes scènes parcourues par le poète.

Le premier chant a rapport à l'Espagne et au Portugal. Le second à l'Epire, à l'Acarnanie et à la Grèce. Le rôle du personnage de Childe-Harold, très-faiblement marqué dans les trois premiers chants, disparaît presque entièrement dans le quatrième. Lord Byron, qui avait d'ailleurs senti que les quatre chants qui divisent ces récits sont indépendants entre eux, en avait publié les deux premiers en 1812, et n'en publia les deux derniers que huit ans après.

A IANTHE. (*)

Ni dans ces chauds climats que j'explorai naguère,

Où la beauté, longtemps, a remporté le prix;

Ni dans ces visions que l'amour nous suggère,

De formes dont le cœur plein d'ivresse est épris :

Songe ou réalité, rien ne t'est comparable.

Pour t'avoir vue, en vain, je peindrais ce concours

De charmes, d'un éclat unique et variable :

Qui ne te connaît point, s'y tromperait toujours,

De qui peut t'admirer quels seraient les discours ?

(*) L'auteur adressait ces vers en 1812 à Lady Charlotte Harley, seconde fille d'Edouard, cinquième comte d'Oxford, depuis lady Charlotte Bacon, qui était à cette époque âgée de 11 ans.

Ah! toujours puisses-tu parmi nous rester telle,
Et ne point démentir le printemps de tes jours;
Etre pure de cœur autant qu'aimable et belle,
Au delà de l'espoir. Etre aussi sans détours;
Et l'image ici-bas de l'amour, moins les ailes!
Sans doute, devant toi, celle dont l'intérêt
Suis tes pas, cultivant tes grâces naturelles,
Contemple l'arc-en-ciel de tes jours en secrets?
A ses vives couleurs, tout chagrin disparaît.

Jeune Péri de l'Ouest, il m'est bon que mon âge
Compte deux fois déjà le nombre de tes ans.
Sans passion, mes yeux contemplant ton visage,
Voient briller sans danger tes charmes florissants.
Heureux à leur déclin, j'aurai quitté la vie!
Plus heureux, quand pour toi saigneront d'autres cœurs,
Evitant leur destin, je verrai, sans envie,
Leur admiration, d'où naîtront, sous les fleurs,
Les tourments que l'amour mélange à ses faveurs.

Que tes yeux, plus changeants que ceux de la gazelle,

Beaux de ta modestie, ou fiers et résolus,

Projetant devant toi leur mobile étincelle,

Brillent sur cette page; — accorde-moi de plus

Ce frais sourire auquel je ne pourrais prétendre,

Si plus que d'amitié tu les voyais remplis.

Ne cherche pas pourquoi ma verve te veut prendre

Pour sujet, toi, si jeune; ordonne et j'embellis

Ma couronne, en l'ornant du parangon des lis.

Sur le livre d'Harold, où ton nom s'entrelace,

Tout œil ami lisant le verra publié;

A la première page, Ianthe, ici je l'enchâsse,

Qu'il soit le premier vu, le dernier oublié.

Sur ma lyre, après moi, puisse un jour cet hommage,

Guidant tes doigts de fée, attirés par mes soins,

Assurer à celui qui loua ton jeune âge

Une heureuse mémoire, et tes chants pour témoins.

C'est trop, mais l'amitié ne demande pas moins.

LE PÈLERINAGE

DE

CHILDE-HAROLD.

Toi, que les Grecs ont cru de naissance céleste;
Muse que le poète imagine à son gré;
Je sais qu'on fait rougir souvent ton front modeste,
Et n'ose, en t'appelant, troubler le mont sacré!
Pourtant, de ton ruisseau j'ai visité l'arène,
Et, de Delphes désert, contemplé les malheurs :
Là, tout est calme et morne, excepté ta fontaine.
Ma lyre ne pourrait réveiller les neufs sœurs,
Et, pour un simple conte, implorer leurs faveurs.

Jadis, en Albion, demeurait un jeune homme

Qui, fuyant la vertu, par son humeur conduit,

Perdait le temps du jour et, négligeant le somme,

Frappait de sa gaîté l'oreille de la nuit.

C'était un libertin, sans loi ni retenue,

Riant de toute chose en son impiété.

Au monde, rien n'avait trouvé grâce à sa vue,

Que des filles de joie et leur société,

Et des buveurs de noble et basse qualité.

Du nom de Childe-Harold on l'appelait; je passe

Sur son lignage ancien : je dirai, toutefois,

Qu'il était de famille illustre, et que sa race

Avait encore été glorieuse autrefois.

Mais, par un tel sujet, la maison la plus fière

Perd son éclat, si grands que fussent les aïeux.

Ni ce que le blason consacre à leur poussière,

Ni la prose fleurie, ou les vers captieux,

N'ennoblissent un crime ou des faits odieux.

Childe-Harold s'inondait du soleil de la vie,
Comme font, en jouant, les insectes dans l'air,
Sans penser qu'avant peu, sa jeunesse flétrie
Tromperait ses désirs, ainsi qu'un fruit amer.
A l'enfant chose advint, à l'adversité pire.
Il sentit tout le poids de la satiété;
Pris d'un mal inquiet, d'un morose délire,
Son pays fut bientôt, pour lui, comme eût été
La cellule où l'ermite est lui-même attristé.

Parcourant des péchés le labyrinthe infâme,
Et connaissant ses torts il ne s'amendait pas;
Soupirant pour plusieurs, il n'aimait qu'une femme,
Qui ne pouvait jamais à lui s'unir, hélas!
Heureuse d'échapper aux impures caresses
De celui dont l'amour eût souillé sa candeur,
Et qui l'eût pu quitter pour d'indignes tendresses,
Quand, de sa riche terre, il eût cueilli la fleur :
Car la paix domestique était peu dans son cœur.

Childe-Harold avait donc l'âme triste et malade,

Ses anciens compagnons lui semblaient odieux ;

On dit qu'il eût pleuré quelquefois par boutade,

Mais l'orgueil congelait les larmes dans ses yeux ;

Il s'agitait souvent grave, en sa rêverie ;

Enfin, il résolut de quitter ces frimas,

De traverser la mer et la brûlante Asie :

Dès lors impatient de voir d'autres Etats,

Il eût cherché les morts pour changer de climats.

Un jour, l'enfant partit du manoir de son père ;

C'était un vénérable et vaste monument,

Si vieux, qu'il paraissait s'affaisser sur la terre,

Mais, par de forts piliers tenu solidement.

Monastère réduit à nos communs usages,

Des superstitions l'antre jadis connu,

Maintenant s'égayait de féminins visages.

Un vieux moine eût pu voir le bon temps revenu,

Si l'on croit certain bruit jusqu'à nous parvenu.

Dans la folle gaîté, dont l'orgie étincelle,

Une angoisse, d'Harold venait frapper l'esprit,

Comme ces souvenirs de mortelles querelles,

Ou d'un amour perdu dont le cœur dépérit;

Personne, cependant, n'en avait connaissance,

Car il n'était pas homme à la faiblesse enclin,

Recherchant les conseils, ou la condoléance,

Laissant couler ses pleurs quand le vase est trop plein :

Il gardait tout en lui, quel que fût son chagrin.

Personne ne l'aimait, quoique au boudoir, à table,

Il eût beaucoup d'amis, venant de tous chemins ;

Il les savait flatteurs du moment favorable,

Parasites ingrats, convoitant les festins.

Personne ne l'aimait, pas même ses maîtresses;

Mais la femme poursuit la pompe et le pouvoir :

Qui les possède obtient aisément ses caresses;

Tels vont les moucherons aux lumières du soir,

Mammon se glisse où l'ange eût perdu tout espoir.

Childe-Harold était triste en pensant à sa mère,
Il n'en voulut pas moins abandonner ces lieux;
Il ne vit point sa sœur, quoiqu'elle lui fût chère;
A ses amis, non plus, il ne fit point d'adieux
Avant de commencer son grand pèlerinage.
Il n'était point d'acier, pourtant, et sans souffrir ;
Mais ceux dont la tendresse entre peu se partage,
Savent que ces adieux, où l'homme aime à gémir,
Font saigner notre cœur au lieu de le guérir.

Ses terres, sa maison, son splendide héritage,
Les doux et longs regards des dames aux yeux bleus,
Leurs mains de neige aussi qu'en un muet langage
Il aurait pu presser; et, l'objet de ses vœux,
Les hanches d'une sainte ou d'une anachorète;
Enfin, les vins de prix et leur joyeuse ardeur ;
Tout ce qui, pour séduire, un moment nous arrête :
Il quitta tout, pour voir, hasardeux voyageur,
Les rivages païens et passer l'équateur.

Les voiles s'emplissaient, et douce était la brise,

Comme si, l'emportant, les vents étaient joyeux;

S'effaçant par degrés, bientôt la roche grise

Disparaissait au loin dans un cercle écumeux.

Peut-être, en ce moment, de son pèlerinage

Eut-il quelques regrets : cependant, sur son front

Rien n'en parut, pas même un passager nuage,

Pas une plainte, un mot, ne vint lui faire affront,

Quand d'autres s'attristaient ou pleuraient sur le pont.

Et, lorsque le soleil s'enfonça dans les ondes,

Prenant en main sa harpe, amateur peu savant,

Il chanta, s'inspirant d'émotions profondes;

Ainsi seul, autrefois, il s'essayait souvent.

Il chante ses adieux au clair du crépuscule,

Pendant que le vaisseau dans la neige s'enfuit,

Qu'à ses yeux abusés le rivage recule;

Harold, aux éléments dont l'aspect le séduit,

Pour la dernière fois chante la bonne nuit :

« Je pars, adieu terre natale,
» Tu fuis, et des rochers
» J'entends soupirer la rafale
» Et l'oiseau des nochers;
» Du soleil, sur l'onde inconnue,
» La trace nous conduit;
» Lui, comme toi, je vous salue :
» Mon pays, bonne nuit.

» Bientôt, sur la mer diaprée,
» Mes regards éblouis
» Reverront la voûte azurée,
» Mais non plus mon pays;
» Ma bonne grand'salle est déserte,
» Mon foyer désolé;
» D'herbe la muraille est couverte
» Et mon chien a hurlé.

» Viens ici, viens, mon petit page,
» Pourquoi trembler ainsi?

» Des flots craindrais-tu donc la rage?
» Je te vois tout transi!
» Mais de pleurs ta joue est humide,
» Fort est le bâtiment,
» Et le faucon le plus rapide
» Volerait moins gaîment.

» — Que le vent siffle ou le flot gronde,
» Que sont le flot, le vent?
» Mais, sir Childe, mon cœur abonde
» De peine en vous suivant:
» J'ai quitté mon père et ma mère;
» Des pleurs mouillaient leurs yeux;
» Je n'ai qu'eux d'amis sur la terre,
» Vous et quelqu'un aux cieux.

» Mon père m'a, dans sa tendresse,
» Béni sans murmurer;

» Mais ma mère, dans sa tristesse,
» Va toujours soupirer.
» — Assez, assez, mon petit page,
» Ces pleurs te vont, car moi,
» Si j'avais ton cœur et ton âge,
» Je ferais comme toi.

» Allons mon yeoman, du courage!
» Qu'as-tu donc à pâlir?
» Un Français te fait peur, je gage,
» Ou le vent tressaillir?
» — Me croyez-vous donc si peu d'âme,
» Sir Childe, y pensez-vous?
» Je m'afflige en quittant ma femme,
» J'ai le cœur d'un époux.

» Avec ses fils elle demeure
» Près de votre manoir;

» Si quelqu'un d'eux m'appelle et pleure,
   » Que répondre ce soir?
» — Assez, bon yeoman, il faut faire
   » Moins de part au chagrin;
» Je suis d'une humeur plus légère,
   » Et poursuis mon chemin.

» Maîtresse, ou femme, dans l'absence,
   » Tient rarement ses vœux;
» Bientôt une autre connaissance
   » Vient sécher ses yeux bleus.
» Aucun regret ne me chagrine,
   » Rien ne peut m'alarmer;
» Un ennui pourtant me domine,
   » C'est de ne rien aimer.

» Seul au monde, un désir suprême
   » D'oublier tout me suit.

» Pourquoi chercherais-je en moi-même

» La peine qui me fuit?

» Avant d'avoir un autre maître,

» Mon chien, qui peut pleurer,

» Lorsque je reviendrai, peut-être,

» Voudra me déchirer.

» Ma barque, en jouant, tu traverses

» Les mers où tu parviens,

» Et peu m'importe où tu me berces,

» Sauf aux lieux d'où tu viens.

» Salut! salut! flots bleus et ternes;

» Quand vous m'aurez conduit,

» Salut! vous, déserts et cavernes,

» Mon pays, bonne nuit! »

Vite, le vaisseau vole, il a gagné la terre,
Le golfe de Biscaye, et ses vents sans repos;
Quatre jours sont passés, mais le cinquième éclaire
A tous les yeux joyeux des rivages nouveaux.

Sous les monts de Cinthra le passage s'achève ;
Le Tage à l'Océan semble, comme un enjeu,
Jeter tout l'or qu'on dit contenu dans sa grève.
On remonte le fleuve, étincelant et bleu,
Dans un pays fertile où l'on récolte peu.

O Christ ! est-il des lieux plus doux et plus propices ?
Quel séjour a, du Ciel, reçu plus de faveurs ?
L'arbre, chargé de fruits, vous offre ses délices ;
Les plus riants aspects décorent les hauteurs ;
Mais l'homme a tout flétri de ses mains inhumaines !
Quand Dieu, prenant son fouet, quelque jour poursuivra
Les plus grands transgresseurs de ses lois souveraines :
Sauterelles de Gaule, il vous accablera,
Et, d'ennemis cruels, il nous délivrera.

Quelles beautés promet Lisbonne sur la terre !
Son image, flottant au soleil, sur ces eaux
Que la fable enrichit d'un or imaginaire,
Et qui sont maintenant couvertes de vaisseaux,

Depuis que d'Albion le traité d'alliance
Des Portugais ingrats sauva la liberté;
Peuple faible et gonflé d'orgueil et d'ignorance,
Qui baise et hait la main sous laquelle, abrité,
Il brava des Gaulois le monarque irrité.

Quand la première fois vous entrez dans Lisbonne,
Qui, de loin, paraissait un Eden à vos yeux,
Votre âme à la tristesse aussitôt s'abandonne,
De ce que vous voyez d'ignoble et d'odieux :
La hutte et le palais ont la même souillure;
Personne n'a souci du linge ou du surtout,
Et tous ces citoyens qui vivent dans l'ordure,
Du fléau de l'Égypte affligés sans dégoût,
Mal peignés, mal lavés, se trouvent bien du tout.

Vils esclaves mêlés dans les plus nobles scènes,
Nature, à ces vilains tu gaspilles tes dons!
Glorieux paradis de Cinthra, dont les chaînes
De monts verts et rocheux découpent les vallons,

Quelle plume à l'esprit pourrait jamais décrire

Ces paysages frais, pleins de tableaux divers ?

Tels que le barde ancien qui, maître en l'art d'écrire,

Nous ouvrant l'Élysée, enchanta l'univers,

Ne nous a rien dépeint de si beau dans ses vers.

Les horribles sommets près d'un couvent surgissent,

Et le liége tapisse au-dessous le versant.

La mousse des rochers que ces climats brunissent,

Les arbrisseaux dans l'ombre aux pentes s'abaissant,

Le tendre azur des cieux qui dans l'onde se mire,

Du torrent qui descend les sauts précipités,

L'orange aux rameaux verts charmant l'œil qui l'admire,

Sous la vigne, le saule aux tons gris veloutés,

Brillent à l'horizon de diverses beautés.

Gravissez lentement le sentier qui serpente,

Les sinuosités allongent le chemin ;

Si loin que voient les yeux, le paysage enchante,

Et, quand vous arrivez à Notre-Dame, enfin,

Des moines, vivant là, racontent, pleins de zèle,

Leurs légendes, parlant d'indévots au cœur fier,

Que la Vierge a punis de ne pas croire en elle ;

Dans la grotte, Honoré, mortifiant sa chair,

Pour mériter le ciel se faisait un enfer.

Lorsqu'au haut des rochers vous montez des passages,

Des croix jonchent les bords ; pourtant ne croyez pas

Que de la piété ces signes soient les gages :

Ce sont les monuments du meurtre et du trépas.

On retrouve un cadavre, et c'est quelque victime

Qui teignit le couteau d'un assassin, sur quoi

La croix de latte ainsi remémore le crime ;

Les vallons, les bosquets, en sont pleins et font foi

Que le crime est ici plus puissant que la loi.

Sur le penchant des monts, au bas, dans les vallées,

Sont des châteaux, jadis habités par des rois ;

La fleur sauvage a crû dans leurs cours désolées,

Mais ces lieux sont empreints des splendeurs d'autrefois.

C'est là, dans cette tour, d'un prince résidence,

Que Vatheck, de tês fils le plus riche, Albion,

Se fit un paradis, songe et vaine espérance !

A sa folle richesse, une déception

Démontra le néant de cette illusion.

Ici tu projetais des plaisirs à toute heure,

Au pied de la montagne au sommet toujours beau ;

Comme un séjour fatal, la féerique demeure

Est triste et solitaire, ainsi que ton tombeau.

Là, l'ortie et la ronce, obstruant le passage,

De son large portail sont les seuls habitants ;

Solennelle leçon qui peut apprendre au sage.

Que tous nos vains plaisirs sont, en quelques instants,

Balayés en débris par la vague du temps.

Contemplez ce palais, fier d'un congrès suprême :

O dôme ! aux yeux anglais fâcheux désagrément :

Voyez ce démon nain qui, sous son diadème

Nommé chapeau de fou, se moque incessamment :

Un sceau pend à sa robe en peau d'âne flétrie,

Il tient un parchemin fond sable, et le railleur,

Montrant des noms connus dans la chevalerie,

Aux signatures pointe un doigt indicateur,

Et des noms qu'il y voit, il rit de tout son cœur.

Convention, ainsi le démon nain s'appelle,

Conduisant les débats des négociateurs,

A, de nos chevaliers, fait tourner la cervelle,

La folie a brisé les panaches vainqueurs,

Et fait un jour néfaste au lieu d'un jour propice ;

La duplicité seule a dicté les accords ;

Pour de semblables chefs que le laurier fleurisse,

On pourra désormais crier : Malheur aux forts !

Le triomphe est tombé bafoué sur ces bords.

Depuis que ce congrès lui fit un tel mécompte,

L'Angleterre à ton nom, Cinthra, se sent frémir,

Et nos hommes d'Etat en rougiraient de honte,

Si, de honte, ils pouvaient encore ainsi rougir.

Que diront nos neveux de cette folle histoire !
Le peuple et nos voisins riront du contre-temps,
Voyant nos champions dépouillés de leur gloire,
Aux ennemis vaincus être d'humbles votants,
La raillerie au doigt les montrera longtemps.

Ainsi jugeait l'enfant, lorsque, sur les montagnes,
Solitaire, il suivait son chemin loin du bruit ;
Bientôt il s'ennuya de ces belles campagnes,
Prompt comme l'hirondelle, inquiet, il s'enfuit ;
Mais il en rapportait une utile morale,
Car la réflexion lui venait par moments,
Et la raison alors lui montrant le dédale
Où jadis il marchait dans ses égarements,
Ses regards obscurcis révélaient ses tourments.

A cheval ! à cheval ! l'enfant à jamais quitte
Cette scène de paix qui captivait son cœur.
De nouveau surmontant un accès qui l'irrite,
De la femme et la coupe il fuit, et, plein d'ardeur,

Il marche devant lui, dans son pèlerinage,

Sans but, impatient de voir, de parcourir

Maintes scènes du monde, avant que le courage

Venant à lui manquer, il pût se ralentir,

Et qu'à l'expérience il se sentit mûrir.

Mais, cependant, Mafra quelque temps le retarde :

D'une reine éprouvée autrefois le séjour,

Où l'orgie et la messe, alliance bâtarde,

Alternaient rassemblant et l'église et la cour,

Moines et grands seigneurs; car la prostituée

De Babylone ici s'est construit un palais :

Aux hommages de tous elle est habituée;

La pompe, que souvent le crime étale en paix,

De son sanglant passé recouvre les forfaits.

Vallons chargés de fruits, romantiques montagnes,

Que n'entretenez-vous, réjouissant nos yeux,

Un peuple libre au sein de ces riches campagnes.

Childe-Harold parcourut beaucoup de charmants lieux,

Où l'indolent ne voit qu'un but de folle chasse,

S'étonnant que l'on quitte un fauteuil, et rêveur,

D'un chemin fatiguant on suive ainsi la trace,

Il est, sur la montagne, un air plein de douceur;

Mais cette aise indicible échappe à notre cœur.

Apre au loin, la montagne en fuyant diminue;

Le vallon, moins fertile et plat, découvre enfin

D'immenses horizons, émerveillant la vue

Par des aspects nouveaux et des plaines sans fin :

C'est l'Espagne ! Voyez ces troupeaux dont la laine

Fait envie au marchand. Contre l'agression

Les pasteurs sont armés, sur cette terre pleine

De vaillants ennemis, toujours en action :

Il faut subir la guerre ou la sujétion.

Où la Lusitanie et sa sœur se rencontrent?

Quelles bornes ont donc ces royaumes rivaux ?

Reines des nations, quand toutes deux se montrent,

Le Tage met sans doute entre es deux ses eaux,

Ou quelque Sierra, ses roches effrayantes;

Ou d'un mur, comme en Chine, ils forment leurs confins?

On ne voit point de mur, de vagues menaçantes,

Ni d'horribles rochers séparés de ravins,

Ainsi que du côté des monts Pyrénéens.

Un cours d'onde argentée indique les frontières

Des royaumes rivaux; à peine a-t-il un nom;

Un frais gazon fleurit ces rives printanières;

Penché sur sa houlette, un berger rêve au son

Du courant qui frémit dans son lit de verdure,

Et d'ennemis cruels sépare les Etats.

L'orgueilleux Espagnol, duc ou rustre, mesure

De haut le Portugais; il ne souffrirait pas

Qu'on pût lui comparer un esclave si bas.

Mais ici la frontière est de beaucoup passée;

Et la Guadiana projette les reflets

Du sombre et large cours de son onde empressée,

Comme on disait jadis dans les vieux rondelets.

Maures et chevaliers, dans leurs luttes anciennes,

Venus par légions, ont montré sur ces bords

Les turbans des païens, mêlés aux croix chrétiennes;

Là s'arrêta le prompt, là tombèrent les forts,

Et le fleuve sanglant roula chargé de morts.

Terre célèbre, aimable et romantique Espagne,

Qui gardes l'étendard que Pélage embrassait,

Quand de Cava le père infesta la montagne

Et l'inonda du sang des Goths qu'il trahissait.

Maintenant où sont donc ces terribles bannières

Qui flottaient sur tes fils, quand, libres cette fois,

Leur valeur repoussa les hordes étrangères?

Près du pâle croissant alors brilla la croix,

Et l'Afrique reçut les vaincus aux abois.

Les contes glorieux que les vieux lais publient,

Voilà donc des héros le plus ample destin.

Le granit tombe en poudre et les récits s'oublient:

Une complainte en fait un éloge incertain.

Orgueilleux, vois, du ciel, le sort de ta poussière ;
Un lai renferme tout des puissants et des forts ;
Confiront-ils leur gloire aux livres, à la pierre,
A la tradition, langue aux douteux rapports ;
Mais l'histoire leur nuit, et leurs flatteurs sont morts.

Peuple, réveille-toi ! fils de l'Espagne, avance !
C'est la chevalerie, approche, elle t'attend ;
Mais tu ne devras plus peser sa lourde lance,
Ni secouer dans l'air son panache éclatant :
Car maintenant ses traits partent de la fumée,
Et le bruit du tonnerre annonce au loin ses coups ;
Ton ancienne déesse offre la renommée.
Dis, trouves-tu sa voix plus faible que chez vous,
Quand ses chants réveillaient le pays andalous ?

Ecoutez, c'est le pas des chevaux de bataille,
La bruyère s'ébranle au bruit des combattants ;
Voyez quels ennemis le sabre en pièces taille :
Ce sont vos frères morts ou tombant haletants

Sous les coups des soldats que la fureur enivre.

La canonnade éclate et va de roc en roc,

Mille à chaque volée ont dû cesser de vivre ;

La mort suit dans les airs le sulfureux siroc,

La guerre bat du pied, le monde sent le choc.

Voyez-vous ce géant debout sur la montagne,

Etendant au soleil ses cheveux rouge-sang ?

Dans ses mains sont des traits que la mort accompagne,

Son regard brûle tout, son œil dur et perçant,

Morne et fixe, inquiet, à certain temps s'anime,

Lance au loin des éclairs; puis, à ses pieds d'airain

La destruction gît, comptant chaque victime.

Trois grandes nations se heurtent ce matin,

Pour verser devant lui leur plus pur sang humain.

Par le ciel ! c'est, à voir, un spectacle splendide,

Pour ceux qui n'ont point là d'amis ou de parents.

Ces costumes rivaux, où l'étendard préside,

Cet éclat, au soleil, des armes dans les rangs,

Les meutes de combat couvrent le territoire,

Grinçant les crocs, luttant d'aboîments et de cris!

Tous à la chasse ont part, peu part à la victoire;

La tombe emportera d'abord les premiers prix;

Du nombre le carnage est lui-même surpris.

Trois peuples sont armés, mus de fureurs égales,

Et trois langues, à Dieu, font la même oraison;

Trois drapeaux sont flottants dans les cieux bleus et pâles;

Victoire! a-t-on crié: France! Espagne! Albion!

L'ennemi, la victime, et l'allié qui tente

D'inutiles efforts, manquaient-ils de tombeaux,

Ou trouvaient-ils chez eux que la mort fût trop lente?

De la Talavera, pour nourrir les corbeaux,

Chacun dispute un champ qu'engraisseront leurs os.

Là, ces fous honorés que l'ambition guide

Pourriront; oui, l'honneur va décorer ce lieu.

Voilà donc les jouets qu'à la gloire homicide

Un tyran jette en proie, et dont il fait un jeu,

Quand dans le sang il fonde un règne imaginaire.
Sophisme, quel despote oserait bien compter
Sur ceux qu'il a soumis? — Sien, dire un pan de terre,
Autre que cette place où devant habiter,
Ses os, l'un après l'autre, iront se déboiter?

O plaine d'Albûra, champ de deuil et de gloire,
Lorsque le pèlerin, sur tes chemins déserts,
Stimulait son coursier, bientôt, qui l'eût pu croire!
Tu devais, d'ennemis, voir tes sillons couverts!
Paix aux morts! puissent donc la palme du courage
Et les pleurs du triomphe ici les protéger!
Jusqu'à quelque autre jour de sang et de carnage,
Ton nom, redit du peuple, heureux de les venger,
Brillera dans ses chants d'un éclat passager.

C'est assez maintenant des mignons de la guerre;
Qu'à leur jeu, de la mort, ils cherchent le renom!
Le renom, qui ne peut ranimer leur poussière;
Ils tombent par milliers, pour l'honneur d'un seul nom.

En vérité, qui peut blâmer un but si noble!
Mercenaires bénis, tués dans le bon droit,
Ils auraient pu traîner une existence ignoble,
Périr dans une rixe, ou de faim ou de froid,
Suivre de la rapine un sentier plus étroit.

Harold, en hâte, fit son chemin solitaire,
Vit la fière Séville et ses libres remparts,
Que le déprédateur convoite en sa carrière;
La conquête bientôt viendra de toutes parts,
Ses rudes mains brisant les coupoles aimées,
L'heure est inévitable, en vain on lutterait
Contre le sort guidant ses hordes affamées.
Autrement Illion, debout, subsisterait;
La vertu vaincrait tout, le meurtre cesserait.

Tous semblent ignorer les dangers qu'ils assument:
Fêtes, jeux et chansons, voilà tous leurs soucis.
Dans d'étranges plaisirs leurs heures se consument;
Leur cœur ne saigne point aux maux de leur pays.

Ici point de clairon, l'amoureuse guitare ;
La folie a gardé ses frivoles amants ;
La luxure, aux yeux doux, pendant la nuit s'égare,
Se joint au crime heureux. Jusqu'aux derniers moments,
Le vice colle aux murs, sapés aux fondements.

Un souffle destructeur désole la campagne,
Craignant de voir leur vigne et leur champ dévastés,
Tremblants, le laboureur et sa blême compagne
N'osent porter au loin leurs regards attristés ;
Le soir on n'entend plus les vives castagnettes,
Guidant le fandango dans ses pas amoureux.
O rois ! si vous goûtiez la paix que vos conquêtes
Troublent, par les labeurs et les soins glorieux,
Le tambour dormirait, l'homme serait heureux.

Que chante maintenant le muletier robuste ?
— D'amour, de piété répétant un refrain,
Il fredonnait jadis d'une voix claire et juste,
Et les grelots joyeux égayaient le chemin.

Viva el Rey ! Voilà l'air qu'il aime à redire.

Il exècre Godoy, traite du même ton

L'imbécile roi Carl, et se prend à maudire

L'heure où la reine vit les yeux noirs du garçon,

Quand l'adultère ensuite ourdit la trahison.

Sur cette longue plaine, à distance bornée,

De rocs garnis de tours, mauresques monuments ;

Par place, des chevaux la terre est piétinée,

Et le gazon noirci du feu des campements.

C'est que l'Andalousie a vu passer la guerre ;

C'est là qu'était le camp, les hardis villageois

Ont d'ici du dragon foudroyé la tanière.

Ils montrent triomphants ce lieu de leurs exploits,

Et ces rochers gagnés et perdus tant de fois.

Tous ceux que vous voyez le long de votre route

Ont la cocarde rouge ; à ce signe féal,

On sait qui saluer et qui fuir, plus de doute ;

Malheur à qui, sans mettre à son chapeau loyal

Le gage protecteur, ose au grand jour paraître!
Aigu, le couteau vole aussitôt décoché,
Et le soldat gaulois pâtirait bien peut-être,
Si le poignard subtil, sous le manteau caché,
N'était par le canon et le sabre empêché.

Des sombres Morénas, dominant la campagne,
Aux détours vous voyez plusieurs canons groupés,
Aussi loin qu'on peut voir, l'obusier de montagne,
Les postes ennemis, et les chemins coupés,
Les fossés remplis d'eau; le rocher qui surmonte
Et cache un magasin; la sentinelle au pas,
Les chevaux abrités et garnis de la fonte,
Partout, près des boulets, pyramidaux amas,
Luit la mèche allumée, instrument du trépas.

Des faits vont se passer, mais celui qui, d'un signe,
De despotes moins forts culbuta le pouvoir,
Retarde de lever la verge, et te croit digne
D'un peu d'égards, ô peuple! Il a daigné surseoir.

Bientôt ses bataillons balaîront tout obstacle;

L'Ouest reconnaîtra du monde le fléau;

Espagne, tu verras un déchirant spectacle,

Quand le vautour gaulois fendra ton ciel si beau,

Précipitant tes fils par milliers au tombeau!

Tomberont-ils, le fier, l'adolescent, le brave,

Pour nourrir de leurs chefs l'obèse ambition?

De la difficulté leur désespoir s'aggrave:

Point de milieu, la mort ou la soumission.

Serait-ce donc l'arrêt du ciel inexorable,

Et n'écoute-t-il point l'appel d'un peuple entier?

Quoi! c'est tout ce qu'ont fait la valeur indomptable,

Le sang-froid des conseils, le savoir du guerrier,

Le feu de la jeunesse, et l'homme au cœur d'acier!

Est-ce donc pour cela que la belle Espagnole

Suspendit sa guitare au saule, et, se levant,

Plus forte que son sexe, animant sa parole,

Montre aux siens les dangers et se jette au-devant?

Elle qui pâlissait à la moindre blessure,

Qui des cris du hibou s'effrayait en sursaut,

Des baïonnettes fend la colonne qui jure,

Voit le glaive briller; sur un mort encor chaud,

Marche, comme Minerve, où Mars ferait défaut.

Vous qu'émerveillera son étonnante histoire,

Si vous aviez, jadis, admiré sa douceur,

Et ses yeux qui brillaient sous sa dentelle noire,

Sa voix fraîche et légère et ses chants de bonheur,

Ses longs et fins cheveux défiant la peinture,

Ses formes d'une fée et son air gracieux,

Auriez-vous cru qu'un jour la tendre créature,

Affrontant le danger, Gorgone aux traits hideux,

De l'honneur guiderait les chasseurs glorieux?

Lorsque son amant tombe, elle ajourne ses larmes;

Quand son chef est tué, prend sa place et conduit;

Elle voit fuir les siens et les ramène aux armes;

L'ennemi se retire, elle, alors, le poursuit.

Mieux qu'elle, d'un amant, qui sut apaiser l'ombre?

Qui vengea mieux son chef gisant sur le pavois?

Quelle autre changea mieux un avenir si sombre?

Qui, plus cruellement, poursuivit le Gaulois,

Battu par une femme et fuyant aux abois?

La fille de l'Espagne est pourtant peu guerrière;

Plus faite pour charmer dans les arts de l'amour ;

De la gloire, à ses fils, elle ouvre la carrière

Et se mêle elle-même aux combats pour un jour.

Ce n'est que la fureur qu'on voit aux tourterelles,

Défendant leurs petits de la main qui les prend.

En courage, en douceur, supérieure à celles

Dont on admire ailleurs le babil ignorant :

Son cœur est bien plus noble, et son charme aussi grand.

De leur doux sceau, les doigts de l'amour l'ont touchée,

Et marqué son menton, petit, frais et saillant;

Sur ses lèvres se tient des baisers la nichée;

Et pour les mériter, il faut être vaillant.

Que son regard sauvage est beau! qu'elle est heureuse!

Phébus en vain voulut décolorer son teint,

Que rendit plus charmant son étreinte amoureuse.

Qui peut leur préférer la pâleur qui se peint

Sur les dames du Nord, tristes et l'œil éteint?

Montrez l'égale, ô vous, climats chers aux poètes!

Montrez l'égale, ô vous, harems de l'Orient,

De l'Espagnole brune et de formes parfaites

Qu'un cynique avoûrait belle à bon escient;

Pourriez-vous comparer ces houris, qu'à peine ose

Exposer au zéphir un jaloux possesseur,

Aux filles de l'Espagne? — Apprenez une chose:

Que c'est le paradis du prophète, où la fleur

Des célestes beautés brille par la douceur.

O Parnasse! aujourd'hui je vois ton mont que j'aime,

Non plus dans le délire où se plonge un rêveur,

Ni dans le paysage, ornement d'un poème,

Mais de neige vêtu, sous ton ciel enchanteur,

Et dans la majesté sauvage des montagnes.
Joyeuse, à tes échos, ma voix veut se mêler :
Reçois le pèlerin visitant tes campagnes,
Quoique de tes hauteurs, pour ne le point céler,
Aucune Muse, hélas ! ne doit plus s'envoler.

J'ai bien souvent rêvé de ton nom ! Qui l'ignore,
De l'homme ignore aussi le bonheur le plus pur.
Maintenant, je te vois, mais, honteux, je déplore
De ne te célébrer que dans un chant obscur.
Des bardes d'autrefois admirant l'art fertile,
Je fléchis les genoux, et, tremblant devant eux,
Je n'ose plus tenter un essor inutile ;
Je contemple de loin ton sommet nuageux,
Et de te regarder je suis encore heureux.

Bien plus favorisé que de plus grands poètes,
Que le sort confina dans leur lointain séjour,
Verrai-je sans émoi tant de grandeurs muettes,
Dont d'autres, sans les voir, ont rêvé nuit et jour !

Quoique Apollon ici n'habite plus sa grotte,

Que le sol des neuf sœurs devienne leur tombeau,

Quelque gentil esprit y survit, dans l'air flotte,

Soupire avec le vent, gémit sur le roseau,

D'un pied, vif et léger, glisse en chantant sur l'eau.

A toi je reviendrai. Voulant te rendre hommage,

Au milieu de mes chants, je me suis détourné

De la terre, des fils, des filles de Pélage,

De cette Espagne, enfin, chère à tout cœur bien né.

Je t'ai salué, non sans verser une larme.

Je reprends mon sujet. Protége mes écrits,

Sauves-en quelque peu par l'effet de ton charme;

De l'arbre de Daphné accorde au moins pour prix,

Une feuille à l'amant de tes vallons épris.

Mais, beau Mont, tu ne vis, quand jeune était la Grèce,

A ta base s'asseoir jamais plus brillant cœur;

Delphes ne vit jamais, quand chantait la prêtresse

Les hymnes pythiens, de cortége enchanteur

Plus digne de fouler tes riantes pelouses,

D'inspirer les transports et les chants amoureux,

Que les groupes charmants des filles andalouses.

Ah! que n'ont celles-ci le frais des lieux ombreux

Qu'offre la Grèce, encor que la gloire ait fui d'eux!

Belle et fière est Séville, et que le pays vante

Sa force, sa richesse et son antiquité.

Mais Cadix, s'élevant sur la côte distante,

Réclame un prix ignoble et doux : la Volupté!

O vice! tes sentiers ont l'attrait maléfique;

Tu plais, et qui peut fuir, quand le sang jeune bout,

La fascination de ton regard magique,

Serpent à tête d'ange et qui guette partout,

Tu te changes suivant le désir et le goût.

Le temps frappa Paphos. Ah! maudit temps! O peine!

La reine des amours doit te céder aussi;

Cherchant d'autres climats d'une si chaude haleine,

Le plaisir qui fuyait vint se fixer ici.

Quoique infidèle à tout, Vénus resta fidèle
A son onde natale. Elle habita ses murs;
N'y circonscrivit point dans un temple le zèle
De ses adorateurs, mais en des lieux obscurs
Consacra mille autels à ses rites impurs.

Du matin jusqu'au soir, du soir jusqu'à l'aurore,
On s'échauffe au festin : Tout ce peuple rieur
S'amuse à des chansons, de roses se décore;
Les bons mots, les bons tours tenus en grand honneur
Pétillent, vont leur train. Quiconque ici séjourne,
A tout sobre plaisir doit dire un long adieu;
Leur fausse piété quelquefois les détourne,
Va respirer l'encens des moines au saint lieu,
La prière et l'amour tenant même milieu.

Vient le jour du sabbat, le jour saint, on remarque,
En ce pays chrétien, le peuple s'empressant.
Entendez-vous mugir des forêts le monarque,
Brisant la lance, il flaire en trépignant le sang

De l'homme et du cheval, victimes expirantes.

La foule crie, il faut recommencer les jeux :

La meute folle aboie aux entrailles fumantes.

La femme ne fuit point ces spectacles hideux,

Et n'en témoigne pas un émoi douloureux.

Vient le septième jour, ton jubilé, ta fête,

Londres, toi, tu sais bien que l'homme doit prier.

L'apprenti, l'artisan, le bourgeois en toilette,

Ce jour-là, de grand air vont se rassasier.

Le fiacre, le whisky profitent de la presse;

Et, jusqu'à l'humble Gig, sillonnent les faubourgs.

A Hampstead, à Harrow, à Brentford on s'empresse,

Les chevaux épuisés à la fin restent courts,

Provoquant, du piéton, brocards et calembourgs.

De belles à rubans la Tamise se pare,

Et l'un prend le chemin des barrières plus sûr ;

L'autre monte à Richmond, celui-ci court à Ware,

Beaucoup vont à Highgate, où l'air souffle plus pur.

Grands bois béotiens! ceux-ci que vont-ils faire ?

Ils vont se prosterner, ce soir, très-humblement

Devant la corne, et tous, au grand nom du mystère,

Les filles, les garçons, ayant prêté serment,

Boiront toute la nuit, et danseront gaîment (*).

Tu fais bien autrement, — tout peuple a ses folies ! —

Toi, Cadix, sur ta mer au sombre et bleu reflet,

Dès neuf heures tu vois tes églises remplies

De saints adorateurs, comptant leur chapelet.

De les absoudre tous la Vierge a bien à faire;

— Notez que c'est, je crois, la seule vierge ici. —

De crimes plus nombreux que les grains du rosaire;

Puis, aux cirques tout pleins on s'entasse à merci :

Grands, petits, jeunes, vieux, n'ont qu'un même souci.

(*) Allusion à l'usage qui existait autrefois dans les cabarets de Highgate, de faire prêter un serment burlesque aux voyageurs de la classe moyenne. On leur faisait jurer sur une paire de cornes, de ne jamais embrasser la servante quand ils pourraient embrasser la maîtresse de la maison, de ne jamais manger du pain bis quand ils pourraient en manger du blanc, de ne jamais boire de la petite bière quand ils pourraient en boire de la forte, etc., et la formule se terminait par cette clause résiliatoire: à moins que vous ne le préfériez.

La lice est grande ouverte ; on voit l'arène libre ;

Autour, de spectateurs tous les rangs sont bordés ;

On attend très-longtemps que la trompette vibre,

Et pas un coin ne reste aux quidams attardés ;

Ici, dons, grands d'Espagne et dames sont en nombre.

Connaisseuse au clin-d'œil de tout fripon désir,

La femme n'en prend point un dédain froid et sombre,

Et de crainte de voir sous ses beaux yeux mourir

Les blessés qu'elle fait, consent à les guérir.

Apaisés sont les bruits : A cheval, en silence,

Quatre beaux cavaliers, d'un blanc panache ornés,

Armés d'éperons d'or, d'une légère lance,

S'avancent, saluant dans l'arène, inclinés.

Fringants sont leurs coursiers, leurs écharpes brillantes ;

Qu'à ce jeu dangereux l'un d'eux brille ce jour,

La foule applaudira, des dames agaçantes

Il obtiendra les dons, les regards et l'amour ;

Les rois, de leurs travaux, n'ont pas plus doux retour.

En manteau, revêtu d'un costume splendide,
A pied, le matador aux mouvements légers,
Dans le centre se tient calme, mais intrépide;
Il attend le combat, et se rit des dangers
D'affronter le seigneur des races mugissantes;
Mais d'abord le terrain est bien examiné,
De peur d'achoppements dans les feintes pressantes;
Il lance en l'air un dard; alors est amené
Le cheval, au danger trop souvent condamné.

Trois fois le clairon sonne, et le signal expire :
L'antre s'ouvre béant. Avides, les regards
Au centre sont tendus, à peine l'on respire.
Tout à coup le taureau bondit les yeux hagards,
Reste immobile; ensuite, il bat du pied la terre,
Et, ne s'élançant point en aveugle agresseur,
Montre un front menaçant, et cherche un adversaire;
Il agite sa queue et, couvant sa fureur,
Roule un œil dilaté, rouge et brillant d'ardeur.

Son regard est fixé. Jeune imprudent! Arrière!

Et prépare ta lance; il faut ici périr

Ou maîtriser l'essor de sa folle carrière.

Les coursiers animés tournent sans ralentir,

Harcelant l'animal qui combat, non sans peine.

Un ruisseau cramoisi sort de ses reins fumants,

Il cherche à fuir, il tourne haletant, se demène.

La lance suit le trait; à leurs déchirements,

Il redit ses douleurs en longs mugissements.

Il revient, rien ne sert, ni le dard, ni la lance,

Ni les rudes plongeons du cheval harassé.

En armes devant lui que l'homme en vain s'avance,

Il est, par l'animal, aussitôt terrassé.

Un cheval est sans vie étendu sur la grève.

O spectacle d'horreur! l'autre montre, entamé,

Sous son poitrail sanglant le cœur qui se soulève.

Mourant, mais au devoir fidèle accoutumé,

Il sauve en chancelant son maître désarmé.

Blessé, saignant à flots, essoufflé, plein de rage,

Au centre, le taureau paraît triste, aux abois,

Couvert de traits rompus, entouré de carnage

Et d'hommes désarmés dans le brutal tournois.

Des hardis matadors le cercle joyeux danse,

Tendant le manteau rouge et le glaive apprêté ;

Quand l'animal encor à travers eux s'élance,

Le manteau sur ses yeux est aussitôt jeté ;

Sur le sable il s'assied, vaincu mais indompté.

Juste où son vaste cou se joint à son échine,

Un glaive dans les os pénètre en ce moment :

Il s'arrête, tressaille, et dédaigneux s'incline ;

Au milieu des bravos il tombe lentement.

Résigné, sans secousse il meurt, et, sur la place,

Un char pompeux paraît aux regards empressés

De ce peuple joyeux, enlève cette masse.

Les quatre fins coursiers, si prompts, si bien dressés,

Qu'à peine on les a vus ils sont déjà passés.

Tels sont les jeux cruels que la jeune Espagnole

Aime à voir, où se plaît le rustique berger :

S'accoutumant au sang, leur cœur, à cette école,

De haine et de vengeance apprend à se gorger.

Combien voit-on chez eux de querelles privées !

Quoiqu'en une phalange on les rassemble tous,

Dans les humbles foyers, ces haines avivées

Font souvent qu'un ami, pour quelque vain courroux,

Surpris, frappé dans l'ombre, expire sous les coups.

Les grilles, les verrous, et la duègne affreuse

Que dressait un jaloux autour d'un jeune cœur,

Et tout ce qui révolte une âme généreuse ;

Cage, précaution d'un fâcheux radoteur,

Sont du siècle passé, moins sage et plus sévère.

Qui fut jamais plus libre, eut de plus doux moments,

Qu'une jeune Espagnole avant ces temps de guerre,

Quand, les cheveux tressés, ornant ses traits charmants,

Elle dansait au clair de l'astre des amants ?

Le cœur de Childe-Harold était alors en trêve ;
Il avait bien souvent adoré la beauté,
Et rêvé qu'il aimait, car l'extase est un rêve.
Il n'avait pas encor bu des eaux du Léthé,
Mais il avait appris, d'aventures nouvelles,
Que bien qu'amour soit beau, jeune et doux, nos soupirs
Ne trouvent rien en lui de si bon que les ailes :
Toujours quelque poison, du courant des plaisirs,
Rejaillit sur les fleurs qui flattaient nos désirs.

Il n'était pas aveugle aux beautés de la femme ;
En sage, il en voyait les charmes séduisants :
Non que dans cet esprit brillât la chaste flamme
De la philosophie aux regards imposants ;
Mais toute passion s'affaisse ou prend la fuite,
Et le vice qui creuse une tombe au bonheur,
Avait fait envoler tout espoir à sa suite.
Victime des plaisirs, son front révélateur
Était, comme Caïn, marqué d'un doig vengeur.

Il contemplait la foule à l'écart, en silence,

Et ne la voyait pas avec des yeux haineux;

Il eût voulu se joindre aux chansons, à la danse;

Mais qui sourit, courbé sous un sort malheureux?

Il n'espérait pas même adoucir sa tristesse;

Auprès d'un jeune objet, un jour, assis rêveur,

Il composa ce chant de morose tendresse,

Célébrant des attraits aussi dignes d'ardeur

Que tous ceux qui jadis avaient charmé son cœur :

A INÈS.

« Ne souris pas de mon front sombre;

» Le Ciel, par un plus doux destin,

» Te garde de pleurer dans l'ombre,

» Et de pleurer peut-être en vain.

» Tu cherches la peine secrète

» Qui corrode en moi tout plaisir :

» Quand tu la saurais, indiscrète,
» Tu ne pourrais pas l'adoucir.

» Ce n'est ni l'amour ni la haine,
» Ni le regret d'honneurs perdus,
» Qui font que le chagrin m'entraine
» Loin de ce que j'aimais le plus.

» C'est un ennui qui me tourmente,
» A tout ce que j'entends et voi,
» La beauté m'est indifférente:
» Tes yeux même font peu sur moi.

» C'est l'inquiétude où retombe
» A chaque pas le Juif-Errant,
» Qui craint au delà de la tombe,
» Et ne voit d'espoir qu'en mourant.

» Quel exilé se fuit soi-même?
» Bien loin, quand mon cœur me conduit,

» Le démon vit sous mon front blême,

» La pensée en tous lieux me suit.

» Des fleurs que les plaisirs m'enlèvent

» Je vois d'autres fronts s'émailler.

» Oh! dans leurs doux transports, qu'ils rêvent,

» Sans, comme moi, se réveiller.

» Plus loin, plus loin, mon cœur s'envole,

» En maudissant mes mauvais jours;

» De tout mal ce qui me console,

» C'est qu'un pire me suit toujours.

» Quel est ce pire? Ah! crains, peut-être

» Un mot détruirait ton bonheur!

» Souris à l'homme sans connaître

» L'enfer qu'il porte dans son cœur. »

Adieu, belle Cadix! l'ennemi se rappelle

Ce qu'ont coûté tes murs avant que de fléchir;

Tous changeaient de drapeau, toi seule étais fidèle!

Tu fus lente à tomber, mais prompte à t'affranchir;

Et si, dans une scène, une épreuve cruelle,

Tu vis du sang des tiens tes pavés inondés,

Ce fut du sang d'un traître, en vengeant ta querelle;

Et de tes fils, hormis tes nobles dégradés,

Nul ne baisa des fers au vainqueur demandés.

Tels sont les Espagnols, trompés dans leur vaillance,

Et pour s'émanciper, mourant souvent en vain.

Sans roi, mais soutenant l'empire en décadence,

Leurs chefs prennent la fuite: ils tiennent le terrain,

Gardant leur foi, quand même, à leur noblesse infâme,

Ils aiment leur pays et leur ciel tiède et beau;

Au mot de liberté, dont leur orgueil s'enflamme,

On les entend crier à chaque échec nouveau:

Guerre! guerre toujours! guerre, jusqu'au couteau!

Vous donc qui de l'Espagne ayant gardé mémoire,

Voudrez en savoir plus, lisez les traits sanglants

D'implacable vengeance écrits dans son histoire,

Car l'Espagnol a vu les ennemis tremblants !

Du brillant cimeterre au couteau, toute lame

Devenait dans la guerre un glaive redouté.

Pourvu qu'il défendît et sa sœur et sa femme,

Pourvu qu'il vît saigner l'oppresseur détesté,

Il frappait sans remords un coup trop mérité.

Ne verserez-vous pas sur ces faits quelques larmes ?

Dans la plaine, voyez ces horribles lambeaux :

Des femmes ont ici succombé sous les armes ;

Leurs corps, jetés aux chiens, sont restés sans tombeaux.

Laissez-donc aux vautours les cadavres livides,

Si ces oiseaux encor les trouvent dignes d'eux ;

Laissez les os blanchis, et les traces fétides

De ce champ de bataille imposant et hideux,

Pour qu'il puisse être un jour conçu de nos neveux.

Mais tout n'est pas fini de cette œuvre inhumaine,

De fraîches légions, l'aigle pyrénéen

Voit tous les monts couverts : L'œuvre commence à peine,

Et l'œil mortel n'en peut apercevoir la fin.

Que bientôt elle échappe au sort qu'on lui prépare,

L'Espagne affranchira plus de peuples alors

Que, pour elle, autrefois n'en enchaîna Pizarre !

Juste retour! Quito prospère sur ces bords

Et la mère patrie en pleurs compte ses morts.

Ni de Talavera la bataille sanglante,

Ni ce que Barossa vit d'étonnants exploits,

Ni d'Albûra les morts, dont le nombre épouvante,

N'ont pu rendre l'Espagne à de si justes droits !

Quand l'olivier doit-il enfin verdir pour elle?

Le voleur franc s'acharne au butin convoité :

Passeront bien des jours d'une attente cruelle,

Avant qu'il soit parti, que de la liberté

Ici l'arbre étranger puisse être acclimaté.

Et toi, mon bon ami (*), puisque toujours présente,

La douleur inutile éclate en mon transport,

Si le fer t'eût frappé dans la foule vaillante,

L'amitié par orgueil n'aurait pas plaint ton sort;

Mais être, sans lauriers, mis dans la sépulture,

Oublié, sauf d'un cœur solitaire à souffrir,

Aux tués glorieux te joindre sans blessure

Quand de moindres ont pu de gloire se couvrir,

Qu'as-tu fait pour ainsi paisiblement mourir.

O le premier connu le plus dans mon estime,

Cher à ce cœur, où rien de si cher n'est laissé;

Quoique à jamais perdu pour mes jours, mon intime

En mon rêve apparaît! Désormais du passé,

Le matin, réveillant un souvenir pénible,

Fera naître une larme, et, d'un vol douloureux,

Mon esprit planera sur ta tombe insensible,

(*) L'honorable John Wingfield, officier aux gardes, mort de la fièvre à Coimbre.

Jusqu'à ce que mon corps aille aux lieux ténébreux,

Que pleureur et pleuré soient en paix tous les deux.

Voici toujours un chant de ce pèlerinage,

Ceux qui voudraient savoir ce qu'Harold deviendra,

Pourront jeter les yeux sur la première page

Que la main qui rima ces vers griffonnera.

Direz-vous que c'est trop déjà, fâcheux critique!

Bientôt vous l'allez voir, des siècles écoulés,

Parcourant les débris, cherchant la Grèce antique,

Les monuments des arts, vestiges désolés,

Et que la barbarie a souvent mutilés.

FIN DU PREMIER CHANT.

LE PÈLERINAGE

DE

CHILDE-HAROLD.

DEUXIÈME CHANT.

Descends, fille aux yeux bleus, pourtant, vierge céleste,
Jamais d'un chant mortel tu n'inspiras l'auteur.
Sage Minerve, ici, debout ton temple reste,
En dépit de la guerre et du feu destructeur;
Mais le temps en chassa la douce idolâtrie.
Bien pire que la flamme et que les siècles lents
Sont le sceptre cruel et l'âpre barbarie,
Dômes que n'émeut point cet amour des talents
Dont, au seul nom des Grecs, nous sentons les élans.

Ancienne des jours ! où sont, auguste Athènes,

Tes grands hommes fameux, grands par l'âme et le goût?

En rêve on croit les voir, sur des plages lointaines,

Triompher et mourir. Quoi donc, est-ce là tout?

— Fournir à l'écolier le sujet de son thème. —

L'étole du sophiste et l'arme du guerrier,

Nous les cherchons en vain; mais ta grandeur suprême,

Sur tes croûlantes tours, semble encor déployer

L'ombre, à travers les ans, de ton pouvoir premier.

Viens donc, fils du matin, lève-toi, considère

Et ne moleste pas cette urne du passé.

Vois d'une nation le sépulcre, et la terre

Où vécurent les dieux d'un culte délaissé.

Ce n'est plus Jupiter, c'est Mahomet qui règne;

D'autres succéderont. L'homme ne peut-il voir

Qu'en vain son encens fume et sa victime saigne?

Pauvre enfant de la mort, le doute est son savoir :

Toujours sur des roseaux il fonde son espoir.

Ici-bas enchaîné, vers le ciel tu soupires;

Malheureux, c'est assez de savoir que tu vis!

Est-ce un bonheur si grand pour qu'ainsi tu désires

Qu'après ta mort, tes jours d'autres jours soient suivis?

En quel endroit du ciel espères-tu te rendre?

D'un futur avenir rêveras-tu toujours?

Regarde seulement, et pèse cette cendre

Que le vent va bientôt emporter dans son cours:

Cette urne t'en dira plus que mille discours.

Ouvre ce monument. — Un demi-dieu superbe

Tomba sur cette rive où, solitaire, il dort.

Les peuples, ce jour-là, de pleurs arrosaient l'herbe;

Mais tous ceux qui pleuraient sont en paix dans la mort.

De ses adorateurs, maintenant nul ne garde

Sa tombe, où des héros vinrent le visiter.

Dans ces tas d'ossements, prends ce crâne et regarde:

Est-ce un temple, dis-moi, qu'un dieu puisse habiter?

Le ver même, à la fin, dédaigne d'y rester.

Vois cette arche brisée et ce mur sans défense,
Ces appartements nus et ces portails hideux :
L'ambition, jadis, en fit sa résidence,
L'âme avait son palais dans cet os caverneux.
Ces deux trous noirs aussi jouaient un noble rôle :
C'était là que brillaient la sagesse et l'esprit,
Les vives passions qu'aigrissait le contrôle.
Tout ce que le sophiste et le sage ont écrit,
Ne repeuplera pas cette tour qui périt.

Tu dis vrai, des enfants d'Athènes le plus sage :
Tout ce que nous savons, c'est que l'on ne sait rien.
Pourquoi fuir le destin qui nous tombe en partage !
Chacun a son tourment, le faible plaint le sien,
Et trouve en son cerveau ses peines les plus vives.
De la chance et du sort poursuivons le meilleur :
L'Achéron nous promet le repos sur ses rives ;
Des banquets nul n'est là convive à contre-cœur,
Mais le silence y fait un lit plein de douceur.

Du fier saducéen confondant la doctrine,

Et les raisonnements du sophiste orgueilleux,

Si, comme ont cru les saints, l'avenir nous destine

Un autre monde, après ce monde nébuleux,

Combien doit être doux d'adorer d'un cœur tendre,

Avec ceux dont l'amour partageait nos labeurs;

D'entendre chaque voix que l'on aimait d'entendre,

Et ces sages anciens, nos premiers bienfaiteurs,

Qui, de la vérité, furent les promoteurs.

C'est là que sont allés ton amour et ta vie,

Toi qui me laisses seul aimer et vivre en vain.

Puis-je croire à mes yeux ton image ravie,

Quand de ton souvenir tout mon esprit est plein!

Je veux rêver qu'un jour nous revivrons ensemble;

Caressant cet espoir, j'en bercerai mes vœux,

Pourvu qu'on se souvienne au lieu qui nous rassemble.

Quoique l'éternité nous réserve à tous deux,

Mon cœur se réjouit de te savoir heureux.

Sur ce marbre massif, base d'une colonne,

Débris encor debout, je m'assieds pour penser.

Ici, fils de Saturne, autrefois fut ton trône,

De plusieurs le plus beau. Laisse-moi retracer

Du temple la grandeur; mais à le reconstruire

L'imagination voudrait en vain songer :

Les siècles ont déjà trop fait pour le détruire.

Sur ces nobles piliers, qu'admire l'étranger,

S'assied le musulman, chante le Grec léger.

Des froids spoliateurs de ce beau temple antique,

Là-haut, cher à Pallas, qui ne put à l'exil

Se résoudre et quitter cette auguste relique;

De ces déprédateurs le dernier, qui fut-il?

C'est un de tes enfants, rougis, Calédonie!

Albion, tes sujets peuvent-ils être tels!

Dépouillant l'opprimé des œuvres du génie,

Comment donc osent-ils, aux regards des mortels,

Emporter sur les mers ces affligeants autels !

Il voulait enlever le Picte aux mains brutales,

Ce que les Goths, les Turcs et le temps ont laissé.

Froid comme les rochers de ses côtes natales,

Il a l'esprit stérile, avec un cœur glacé.

Est-ce lui qui conçut, sa main prépara-t-elle

Du temple athénien le triste enlèvement?

Sentant, trop faible hélas! la douleur maternelle,

Et ne pouvant garder le sacré monument,

Le Grec alors connut son asservissement.

Albion, les Anglais désormais pourront dire

Que d'Athènes, un jour, tu fis couler les pleurs.

Quoi! l'esclave, à ton nom de ses mains se déchire!

L'Europe en rougirait: cache-lui tes erreurs.

De l'Océan la reine, oui, la libre Angleterre

A détruit les autels des dieux jadis si grands,

Celle qui, par son aide, a su se rendre chère,

Arrache, emporte au loin tous ces débris navrants

Qu'avaient laissés debout l'envie et les tyrans.

Où donc était, Pallas, ta redoutable égide,
Que le fier Alaric ne put voir sans effroi?
Achille tressaillit; l'ombre du grand Pélide,
Des enfers s'échappant, terrible en son émoi,
Revint à la lumière et parut sur la place.
Pluton ne pouvait-il permettre son retour?
Le chef grec du voleur aurait puni l'audace;
Mais le fils de Pélée, oisif au noir séjour,
Laissa piller les lieux objets de son amour.

Est froid qui, te voyant, ne sent pas, belle Grèce,
D'un amant la douleur sur des restes chéris;
Stupide est l'œil qui peut, sans pleurer de tristesse,
Voir tes murs déchirés, tes autels en débris,
Mutilés par la main d'un agent mal habile,
Quand leur éclat peut-être eût été restauré.
Ah! maudit soit le jour où, sortant de son île,
Faisant jaillir le sang de ton sein déchiré,
Il enleva tes dieux dans le Nord abhorré!

Mais où donc est Harold? En partant, oublierais-je

D'emmener sur la mer le sombre voyageur?

Il n'est rien qu'il regrette : il n'est point au manége

De quelque bien-aimée, indécis ou rêveur,

La main d'aucun ami dans la sienne il ne serre ;

Le froid étranger vogue ainsi vers d'autres cieux,

Sans qu'un doux charme ait pu fléchir son front sévère,

Sans pousser un soupir, il s'éloigne des lieux

Où la guerre et le crime avaient frappé ses yeux.

Quiconque a parcouru la mer bleue et profonde,

D'un grand et beau coup-d'œil a pu jouir souvent :

Souffle une fraîche brise, agréable, sur l'onde ;

La solide frégate enfle sa voile au vent ;

A droite semblent fuir mâts, clochers et rivages ;

A gauche, à l'horizon, la mer étend ses eaux ;

Et le convoi ressemble à des cygnes sauvages.

Le plus mauvais voilier charme les matelots,

Si gaîment chaque proue écume et fend les flots.

Au-dedans du vaisseau, citadelle flottante,
Sont le filet tendu, les canons apprêtés,
Le commandement rauque, une troupe agissante;
Aux hunes, sur un mot, des hommes sont montés;
Puis au bruit du sifflet, l'ordre du contre-maître
Se transmet, on entend les matelots crier;
Un aspirant dirige et le fait bien paraître,
Pour se mieux faire entendre, il force son gosier;
L'équipage obéit à l'habile écolier.

Le blanc tillac reluit et n'a pas une tache;
A ce poste, voyez marcher le lieutenant.
Regardez cet endroit, où le respect s'attache,
Le capitaine seul, grave, s'y promenant
Silencieux et craint, conserve sa distance,
Parle peu, c'est ainsi qu'il maintient à son bord
Conquête et renommée; et de l'obéissance
Les Bretons rarement s'écartent sans effort,
Se soumettant aux lois qui font leur peuple fort.

Soufflez, vîte, soufflez, brises, poussez la quille
Jusqu'au soleil couchant; le vaisseau pavillon
De l'amiral, alors ralliant la flotille
Des voiliers paresseux, ralentit son sillon.
Ah! l'ennuyeux délai! par ce vent favorable,
Attendre ces lourdeaux, bien loin de nous épars;
Que de milles perdus à ce temps regrettable!
Quand les flots empressés gourmandent ses retards,
La voile en panne flotte, attendant ces traînards.

Le soir est admirable, et la lune au ciel brille,
La lumière ruisselle et danse avec le flot;
A terre que garçon soupire, et jeune fille
L'écoute, et, qu'au retour, tel sort soit notre lot.
Cependant, sous ses doigts, un Arion robuste
Eveille une harmonie agréable aux marins:
Autour de lui le cercle admire un jeu si juste,
Ou, quelque air bien connu mettant la danse en train,
Chacun, joyeux, se livre au passe-temps badin.

Ici, se regardant, sont l'Europe et l'Afrique,

Le détroit de Calpé, les rivages rocheux

De la vierge aux yeux noirs, et du Maure atlantique,

La pâle Hécate luit à la fois sur les deux.

Que ses rayons sont doux en jouant sur l'Espagne,

Son croissant dans le ciel, d'un faible éclat brillant

Au loin sur la forêt, le vallon, la montagne !

Des rochers marocains, chaque ombre sourcillant,

Gigantesque, à la mer descend du front saillant

Il est nuit; c'est alors que notre esprit médite

Sur nos amours passés. Quand le cœur a gémi,

Trompé dans son ardeur, il se rappelle ensuite,

Solitaire éploré, qu'il avait un ami.

Qui voudra se courber sous la décrépitude,

Si la jeunesse perd sa joie et ses amours?

Quand deux cœurs de s'unir ont perdu l'habitude,

La mort ne leur prend plus que d'insipides jours.

Heureux ces premiers ans qu'on regrette toujours !

Du vaisseau, contemplant sur l'eau qui se balance,

L'image que Diane y projette des cieux,

Et notre âme oubliant l'orgueil et l'espérance,

Nous rêvons : le passé se déroule à nos yeux.

Tant désolé qu'on soit, on y retrouve un charme

Si quelque être adoré, quelque cher souvenir,

Nous possédant alors, nous réclame une larme.

C'est l'éclair douloureux qu'un regret fait jaillir,

Et dont le cœur voudrait, mais en vain, s'affranchir.

S'asseoir sur les rochers, rêver sur les abîmes,

Des forêts parcourir les scènes le matin,

Suivre l'hôte sauvage, aller du val aux cîmes,

Aux lieux inexplorés se frayer un chemin ;

Gravir une montagne escarpée, inconnue,

Où vivent des troupeaux sans bercail ; sur ces bords

Ouïr la cataracte écumante à la vue ;

Est-ce la solitude ? — Oh ! non, car c'est alors

Vivre avec la nature, admirer ses trésors.

Mais vivre dans la foule, au bruit, au choc des hommes,
Entendre, posséder, regarder et sentir,
Et savoir que bénis d'aucun d'eux nous ne sommes,
Que nous n'avons non plus aucun d'eux à bénir;
Voir tous ces courtisans, qu'éloigne la détresse :
Amis fourbes, sans cœur, que l'intérêt conduit,
Qui de nous voir mourir n'auraient point de tristesse;
Quand tout cela vous flatte, ou sollicite, ou suit :
Voilà la solitude en plein milieu du bruit.

Plus heureux est le sort du pieux solitaire,
Dont le tranquille Athos cache les jours obscurs.
Le soir, le mont géant, tout splendeur et lumière,
Regarde la mer bleue, et sous des cieux si purs,
Que celui qui se trouve en ces lieux, à cette heure,
S'y retardant n'en peut assez longtemps jouir;
S'éloignant avec peine, à celui qui demeure
Il porte envie, et c'est après un long soupir,
Qu'à ce monde il revient, encor pour le haïr.

Passons le monotone et fatigant sillage,

Sur le mouvant chemin parcouru si souvent ;

Puis, le calme, le frais, le roulis, le tangage,

Les caprices connus de la mer et du vent ;

Passons aussi la joie et les diverses peines

Que, dans sa citadelle, éprouve le marin :

Le beau, le mauvais temps, les changements de scènes

Que les brises font naître ; — alors, un beau matin :

Terre ! terre ! et voilà le tout à bonne fin.

Des îles Calypso saluons les délices :

Au sein de l'Océan, le groupe fraternel

Au voyageur encore offre des bois propices ;

Mais là n'est plus la nymphe à pleurer un mortel ;

Ces rochers ne sont plus témoins de son attente,

Quand, pour une autre épouse, il put la délaisser ;

Ici, le fils d'Ulysse échappe à cette amante,

C'est de là que Mentor à fuir vint le presser :

La nymphe-reine, aux pleurs dut encor s'abaisser.

Son règne est loin de nous; sa douce gloire expire,

Jeune homme, prends-y garde, et ne t'expose pas,

Une mortelle tient ce dangereux empire,

Et Calypso nouvelle y fait suivre ses pas.

Belle Florence, un jour, si quelqu'un à sa vue

Me rend un charme, à toi je devrai ce bonheur.

Mais en tant de liens je te vois retenue,

Qu'indigne, à tes autels je n'ose offrir mon cœur,

Ni pour moi t'exposer à la moindre douleur.

Ainsi pensait Harold, en voyant cette dame

Dont le regard sur lui n'eut d'autre effet partant,

Qu'une admiration des attraits de la femme;

Quoique à proximité l'amour se tint distant.

Si souvent reconquis, puis perdu, l'infidèle

Ne lui laissait dès lors aucun sujet d'espoir;

L'enfant l'abandonnait, las d'exciter son zèle:

Le pressant d'adorer, sans même l'émouvoir,

Le petit dieu vit bien qu'il perdait son pouvoir.

Mais l'aimable Florence aussi s'étonna-t-elle
Que celui qu'on disait pour toutes soupirer,
Tranquillement soutînt l'éclat de sa prunelle,
Que d'autres, vrais ou faux, ne pouvaient qu'admirer,
Y lisant leur destin, leur loi, leur espérance,
Tout ce que la beauté réclame d'un amant.
Florence s'en prit-elle à l'inexpérience
Qu'il ne feignît au moins ce hardi sentiment
Qu'une belle interdit, mais pardonne aisément.

De marbre le voyant masqué dans le silence,
Retenu par l'orgueil, eût-elle pu penser
Que, dans l'art de séduire, égayer la licence
Et tendre un piége, aucun n'eût pu le dépasser;
Qu'il n'avait autrefois ralenti sa poursuite,
Que lorsqu'il vit le prix indigne de ses feux.
Harold avait changé maintenant de conduite,
Mais il eût pu languir pour ces deux yeux si bleus
Qu'il ne se fût pas joint aux pleureurs amoureux.

Qui pense qu'aux soupirs femme se prend et cède,

Connaît peu cette chose : objet capricieux,

Elle dédaigne un cœur dès qu'elle le possède.

Honorez de vos soins l'idole de vos yeux,

Mais point trop humblement, où vous et votre hommage

Vous serez méprisés. Par un adroit détour

Déguisez la tendresse, alors vous serez sage ;

L'enjoûment séduit plus la femme : or, tour à tour,

Piquez-la, flattez-la, vous aurez son amour.

C'est une vérité d'ancienne expérience,

— Et qui la sent le mieux, la déplore le plus —

Que l'amour satisfait ne vaut pas l'espérance :

Par un prix trop chétif nos désirs sont déçus.

La dégradation, la jeunesse fanée,

L'honneur perdu, voilà quels sont tes fruits honteux ;

Passion satisfaite ! et si la destinée,

Trop cruelle envers nous, trompe nos premiers vœux,

Le chagrin suit l'amour, survit même à ses feux.

En route! nous avons, avant que je vous laisse,

Beaucoup d'ardus sentiers sur les monts à gravir,

De rivages à voir, que, mus par la tristesse,

Et non la fiction, nous allons parcourir :

Vous verrez des climats plus beaux que ceux qu'en rêve

Imagina jamais notre petit esprit;

Que ceux qu'un novateur dépeint quand il se lève,

Enseignant le chemin que la vertu prescrit

A l'homme corrompu, qui l'écoute et s'en rit.

La nature est pour nous toujours la tendre mère,

Changeante en ses aspects, diverse en sa bonté;

A son sein nu, laissez, que je me désaltère!

J'en suis le nourrisson, mais non l'enfant gâté.

Oh! ses traits sont plus beaux dans sa beauté sauvage,

Où n'habite point l'homme et ses arts corrupteurs;

Nuit et jour je lui vois un souriant visage;

Mon cœur, de ses secrets, sondant les profondeurs,

En la cherchant l'aima, surtout dans ses rigueurs.

Terre de l'Albanie! en ton sein prit naissance,

— Leçon pour le jeune homme et phare à l'homme mûr —

Cet Iscander fameux; puis, grand par la vaillance,

L'autre, son homonyme, au bras loyal et sûr.

Terre de l'Albanie! ô rugueuse nourrice

D'hommes sauvages, fiers, j'aime ton âpreté!

Le minaret grandit et la croix rapetisse;

Les vallons du croissant voient la pâle clarté;

De cyprès sont des bois, près de chaque cité.

Harold fit voile et vit ce pauvre territoire,

D'où longtemps Pénélope a contemplé les flots;

Il vit aussi, de loin, le fatal promontoire

Que pour tombeau choisit la Muse de Lesbos.

Brune Sapho, ce feu dont l'ardeur immortelle

T'embrâsait, n'a donc pu te sauver par tes vers

De la mort, toi l'auteur d'une vie éternelle!

Aux enfants des humains, seuls cieux parfois ouverts,

Si l'éternité suit la lyre et ses concerts.

C'était par un doux temps, un soir de grecque automne,

Childe-Harold salua de loin ce cap fameux;

Son cœur se complaisait en ce lieu monotone.

Il avait vu, marqués par des jours désastreux,

Trafalgar, Actium, Lépante, et, chose unique,

Il ne fut point ému de leur sinistre éclat :

C'est qu'il n'était pas né sous un astre héroïque;

Il n'admira jamais les scènes d'un combat;

Il fuyait le bravo, se moquait du soldat.

Lorsqu'il vit de Vénus au ciel briller l'étoile,

L'Eucade, projetant au loin son front sur l'eau,

Il salua ce roc. Le vent, gonflant la voile,

Sous l'ombre du vieux mont fit glisser le vaisseau.

Il crut alors sentir une indicible flamme,

Les flots lui paraissaient tristes, mélodieux,

La méditation s'empara de son âme;

Il reprit son maintien rêveur, silencieux;

Son front semblait plus doux, et plus calmes ses yeux.

Le matin, l'Albanie à nos regards présente
Les sombres rocs Souli, le Pinde nébuleux,
Revêtu de brouillards et de neige fondante,
Arrosant les versants par des ruisseaux nombreux.
Du mont rayé de pourpre et de brun, les nuages
S'élèvent découvrant les toits des montagnards,
Séjour d'oiseaux de proie et d'hommes plus sauvages,
Ce lieu nourrit des loups, des aigles, des renards;
En automne, l'orage y succède aux brouillards.

Childe-Harold se sentit isolé sur la terre;
Aux langues des chrétiens il dit un long adieu;
Il s'aventurait seul sur la rive étrangère,
Qu'on admire de loin, mais qu'on visite peu.
Hardi, simple et frugal, armé contre l'épreuve,
Evitant le péril, il n'en avait pas peur;
La scène était sauvage et la scène était neuve,
Le voyage et la peine auraient une douceur
Qui lui ferait braver la bise ou la chaleur.

Ici la rouge croix — Ici la croix encore
Existe, mais jouet des hommes circoncis —
Perd cet orgueil si cher au clergé qu'on honore:
Le prêtre et le chrétien sont tous deux en mépris.
O superstition! plus d'un nom te déguise:
Prophète, idole, saint, vierge, croix ou croissant;
Quel que soit ton symbole, en tous lieux on te prise,
Ruse du sacerdoce et mensonge incessant,
Qui peut, d'un culte vrai, distinguer ton accent!

Regardez devant vous le golfe d'Ambracie!
Pour une femme, objet aimable, inoffensif,
Il vit jouer un monde, et plus d'un roi d'Asie,
Des Romains plus d'un chef, en ce jour décisif,
Dans le douteux conflit se jeter au carnage.
César, Antoine, alors mettaient la terre en feu;
Ils sont morts, leurs exploits sont muets sur la plage.
Rebelles couronnés! Avais-tu fait, ô Dieu!
Ton globe pour servir à ces hommes d'enjeu.

Dans ces climats rugueux, de vals et de montagnes,

De leur sombre barrière aux champs illyriens,

Childe-Harold traversa de sublimes campagnes,

Peu décrites pourtant par les historiens ;

L'Attique, toutefois, n'a rien que ne surpasse

Ce pays peu connu. Les lieux les plus vantés,

La belle Tempé même et l'aimable Parnasse ;

Plus célèbres, n'ont pas le charme et les beautés

Que cette côte basse offre de tous côtés.

Il traversa le Pinde et le lac d'Achéruse ;

Quittant la capitale, il vit, sur son chemin,

Le chef de l'Albanie, homme dur, qu'on accuse

De despotisme, et qui, d'une sanglante main

Régit sa nation guerrière et turbulente.

Cependant, çà et là, de hardis montagnards

Dédaignent son pouvoir ; la bande indépendante,

Des rochers le défie, et bravant les hasards,

Ne cède qu'à prix d'or d'invincibles remparts.

Monastique Zitza, de tes hauteurs ombreuses,

Coin de terre béni, tout n'est, autour de nous,

Au-dessous, au-dessus, que scènes lumineuses,

Teintes de l'arc-en-ciel, charme magique et doux.

Roc, montagne, forêt, rivière, tout abonde,

Se mêle, harmonisé du vif azur des cieux ;

Ce bruit sourd et lointain, c'est le torrent qui gronde,

Forme une cataracte au bas de ces beaux lieux,

Sur des rochers pendants, horreur qui plait aux yeux

Dans le bois, au milieu des arbres séculaires,

Sur le mont qui pourrait — sans d'autres à côté,

De plus haut en plus haut élevant leurs barrières —

Passer pour gigantesque et plein de majesté,

Les murs blancs du couvent brillent, là-haut, en face,

Où vit le caloyer, qui n'est point rude à voir,

Et ne plaint point les mets au voyageur qui passe;

A regrets celui-ci quittera ce manoir,

Si la belle nature a sur lui du pouvoir.

Pendant la canicule, ici qu'il se retire!

Que ces arbres âgés lui prêtent leur fraîcheur!

De son aile un doux vent bat l'air que l'on respire;

Que les brises du ciel baisent son front rêveur!

La plaine est loin en bas. Oh! laissez qu'il saisisse

De pures voluptés! Là, les rayons brûlants

N'arrivent point, porteurs de fièvre ou de jaunisse,

Le matin, le midi, le soir fuiront plus lents;

Qu'il étende à loisirs ses membres nonchalants!

Alpes de la chimère, un chaînon volcanique

S'étend de gauche à droite et, gigantesque et noir,

En s'éloignant grossit par une erreur d'optique.

Une vallée au bas semble aux yeux se mouvoir :

Troupeaux, arbres, ruisseaux, tout remue et s'agite,

Le pin flotte au-dessus. Vous voyez l'Achéron,

Aux ombres autrefois la demeure prescrite.

Laisse-moi regarder ton enfer, ô Pluton!

Je ne viens point ravir une âme à ton giron.

Le paysage est pur : on n'y voit point de ville.

Derrière la montagne, et tout proche d'ici,

Cachée est Janina. En ce pays tranquille,

Rares sont le hameau, le chaume et l'homme aussi ;

Mais, dans le précipice, une chèvre se penche,

Broute, et l'on voit épars un troupeau : Le berger,

Jeune garçon, vêtu de sa capote blanche,

Rêve le long du roc, ou se tient sans bouger

Dans la grotte, pendant l'orage passager.

O Dodone ! où sont donc ton sacré bois antique,

L'autel de Jupiter qu'on voyait en ce lieu,

Tes oracles divins, ta source prophétique ?

Quel vallon répétait la réponse du dieu ?

Tout, tout est oublié. Si l'homme doit s'éteindre,

Si les frêles liens de ses jours sont rompus,

Il a le sort des dieux : a-t-il droit de se plaindre ?

Sort du marbre et du chêne ; il voudrait vivre plus,

Quand langues, nations, s'abîment dans leur flux.

L'Epire est déjà loin, les montagnes s'abaissent;

D'être tendus en haut, les regards, fatigués,

Se reposent alors, et, joyeux, se repaissent

Des tons verts du printemps devant eux prodigués.

Même sur une plaine il est des traits sublimes :

C'est quand un noble fleuve en la parcourant luit;

Que les arbres sur l'eau viennent mirer leurs cimes;

Et qu'aux pâles rayons de la lune, à minuit,

Les ombres s'endormant, un charme nous séduit.

Le vaste Tomérit épandait sa grande ombre ;

Le soleil se couchait derrière; mugissant,

S'enfuyait le Laos. La nuit devenait sombre,

Quand le long de la rive escarpée, avançant,

Childe-Harold vit au loin, comme des météores,

Briller des minarets : Tépalen, sur les eaux,

Dominant le rivage; et les brises sonores,

Portant un bruit confus d'hommes et de chevaux,

Soupirant dans la plaine, éveillaient les échos.

Des harems il passa bientôt la tour sacrée ;

En entrant sous l'arcade, il s'arrêta pour voir

Le palais de ce chef que la foule enivrée

Regardait comme heureux, vantant son grand pouvoir.

Superbe, dans la pompe on voyait le despote ;

A lui plaire, empressé, chacun faisait effort :

Santon, soldat, esclave, eunuque, et même l'hôte.

Ce palais, au-dedans, au dehors, est un fort

Dont, de tous les climats, on vient chercher l'abord.

Les corridors, en haut, peuplés d'étranges groupes ;

Les faisceaux remplissant, en bas, la grande cour,

Un rang de beaux chevaux, fiers, aux luisantes croupes,

Richement harnachés, étonnaient tour à tour.

La porte assez souvent s'ouvrait, retentissante :

Un tartare à cheval s'élançait au dehors.

Maure, Albanais, Turc, Grec montraient là, dans l'attente,

Leurs habits bigarrés ; du tambour les accords,

Marquant la fin du jour, retentirent alors.

Le farouche Albanais, un châle ornant sa tête,

Court vêtu, le fusil ciselé pour maintien,

Et qu'un splendide habit tout brodé d'or complète;

L'écharpe rouge au flanc, le Macédonien;

Le Delhy belliqueux, sa coiffure effrayante

Et son glaive arrondi; le Grec vif et joyeux;

L'enfant noir, mutilé, de la Nubie ardente;

Assis, le Turc barbu, grave, silencieux,

Et maître trop puissant pour être gracieux,

Sont mêlés; quelques-uns sont penchés et méditent,

Regardant cette scène avec attention :

On voit les uns fumer, d'autres au jeu s'agitent;

Quelque Islamite grave est en dévotion;

D'un pas fier l'Albanais mesure ici la terre;

Un Grec à demi-voix exerce son caquet.

Ecoutez! une cloche appelle à la prière :

Le muezzin ébranle alors le minaret;

Dieu seul est grand! Priez! Et l'on prie en effet.

C'était le Ramazan, temps de la pénitence :
Le jeûne est maintenu tout le jour, mais le soir,
Après le crépuscule, aussitôt recommence
Le train accoutumé : Ces hommes vont s'asseoir
Dans la joie et le bruit d'une table splendide ;
Un festin préparé, tous vont se réunir
A l'étage au-dessus. La galerie est vide ;
La foule en haut bourdonne ; et l'on entend s'ouvrir
Les portes à l'esclave empressé de servir.

La femme dont la voix n'est jamais entendue,
Et qu'on ne voit ici que rarement sortir,
Au logis d'un époux dès qu'elle s'est rendue,
S'apprivoise à sa cage et n'en veut jamais fuir ;
Elle est heureuse alors de l'amour de son maître ;
Sa famille a son cœur et ses attentions ;
Elle nourrit l'enfant qui d'elle vient à naître ;
Joyeuse de ses soins, de ses affections,
Elle reste étrangère aux basses passions.

Dans un beau pavillon qu'ornait une fontaine,

Où jouait dans le marbre un jet de vives eaux,

Sur un lit où l'amour eût reposé sans peine,

Couche voluptueuse invitant au repos,

Assis, Ali-Pacha méditait : Personnage

De guerre et de malheur ! Vainement sur les traits

De ce vieillard, au doux et bienveillant visage,

Vous eussiez pu chercher la trace des forfaits

Qui couvaient dans son cœur leurs funestes effets.

Est-ce que cette épaisse et longue barbe grise

Sied mal aux passions d'un âge plus heureux ?

Non. — Par l'amour aussi la vieillesse est conquise :

Hafiz, Anacréon l'affirment tous les deux.

Mais le crime, en un cœur d'où la douceur émigre,

Odieux en tout homme et plus en un vieillard,

L'a marqué de sa griffe et de sa dent de tigre.

Le sang suivra le sang : le glaive ou le poignard,

Sur le sol, à son tour, l'étendra tôt ou tard.

Entendant, regardant plus d'une chose étrange,

Et reposant ses pieds, ici, le pèlerin,

Des goûts musulmans, vit le singulier mélange.

De ce vaste palais s'ennuyant à la fin,

Il quitta ce séjour de luxe et de délices,

Le cœur rassasié de bruit et de splendeur :

La paix n'habite point parmi les artifices ;

La pompe et le plaisir se sont pris en horreur :

L'un l'autre se nuisant, chacun perd sa saveur.

Farouche est l'Albanais, mais on ne le voit guère

Sans vertu ; que n'a-t-il l'esprit plus cultivé !

Quel ennemi lui vit le dos ? durant la guerre,

A la fatigue, il est d'un courage éprouvé ;

Robuste et sain de corps, dévoué sans mesure

Dans les temps de péril et de nécessité ;

Et comme son courroux est mortel ! sa foi sûre !

Le suivant par devoir ou par fidélité,

Il fond inébranlable où son chef s'est jeté.

Un jour, chez leur pacha, dans une citadelle,
Childe-Harold vit ce peuple à la guerre appelé;
Il le revit encor dans une heure cruelle,
Etant en leur pouvoir de dangers accablé,
Quand on voit les méchants plus durs que d'habitude;
Au contraire eux alors l'accueillaient sous leur toit;
Plus mal il eût été chez un peuple moins rude,
Même dans son pays. — Si rarement on voit
Le cœur mis à l'épreuve et faisant ce qu'il doit. —

Il arriva qu'un jour, les vents étant contraires,
Sur les rocs de Souli fut jeté son vaisseau;
C'était la nuit; craignant ces côtes étrangères
Et le plus grand péril de demeurer sur l'eau,
Les marins indécis restaient sur le navire,
De peur de trahison sur terre en se livrant;
On débarqua; c'était peut-être un danger pire,
Car ce peuple, qui hait et le Turc et le Franc,
Pouvait les massacrer au premier différend.

Vaines craintes : Bientôt vinrent les Souliotes,

Eclairant les marais, les dangereux endroits ;

Meilleurs, mais moins polis que nos compatriotes,

Ils tordaient nos habits, chargeaient l'âtre de bois.

La lampe raviva sa lumière assoupie,

On servit le festin rustique et savoureux ;

Cette conduite est bien de la philanthropie ;

Cette hospitalité, ces soins si généreux,

Font honte à l'égoïsme, instruisent les heureux.

Lorsqu'il voulut quitter à la fin ces montagnes,

Partout, en ce pays, de hardis maraudeurs,

Par le sang et le feu désolaient les campagnes ;

Escorté de guerriers endurcis aux labeurs,

Dans les vastes forêts, passant l'Acarnanie,

Il vit l'Achéloüs, en suivit sur les bords

Les eaux blanches roulant sur la rive aplanie,

Et, poursuivant sa route, il découvrit alors

L'Etolie, où tendaient maintenant ses efforts.

D'Utreikey qui, tournant en cercle, forme une anse,

Où les flots fatigués peuvent luire en repos.

Comme est brun le feuillage épais qui se balance

A minuit sur les bords de ces tranquilles eaux !

Comme est doux le vent d'Ouest qui souffle sur la côte,

Baisant, sans la rider la mer bleue en son lit !

Childe-Harold ici fut bien-venu comme un hôte,

Son cœur, sur cette scène, allait être séduit

Par les plaisirs nouveaux de cette douce nuit.

D'un clan brillaient les feux sur cette verte plage ;

Et, le repas fini, la coupe circulait.

Celui qui, visitant par hasard ce rivage,

Eût pu voir le tableau qu'alors il déroulait,

N'en eût pas cru ses yeux. D'une fête barbare,

Le jeu national à minuit commença :

Tous ôtèrent leur sabre, et chaque Palikare

Se prenant par la main vite au rond s'empressa ;

Hurlant une chanson, longtemps le clan dansa.

Childe-Harold se tenait d'eux à quelque distance
Et regardait, charmé, leurs divertissements ;
Car il aimait la joie où régnait l'innocence ;
Et c'était un spectacle étrange, assurément.
Leur naïve gaîté, barbare, mais décente,
Les flammes, par moments, se reflétant sur eux,
Le feu de leurs yeux noirs, leur danse pétulante,
Ondoyant jusqu'aux reins, leurs longs et bruns cheveux,
Ils chantaient et hurlaient ces couplets belliqueux :

« Tambours, tambours, vos sons, portant au loin l'alarme,
» Promettent le combat, sont au brave un espoir ;
» Le fils de la montagne aussitôt prend son arme :
» Illyrien fougueux, Souliote à l'œil noir.

» Qui plus qu'un Souliote est vaillant ! — Hors d'haleine,
» Sous sa capote à poils, justaucorps blanc dessous,
» Comme un torrent, du roc il descend dans la plaine,
» Et son troupeau nourrit les vautours et les loups.

» De chimère, les fils qui punissent l'offense

» D'un ami, sauvent-ils l'ennemi du trépas?

» — C'est à leurs bons mousquets d'oublier la vengeance :

» Au cœur de l'ennemi les coups ne ratent pas.

» La Macédoine envoie une race aguerrie;

» Les cavernes, la chasse, ils abandonnent tout;

» Leur écharpe éclatante et couleur cramoisie,

» Dans le combat devient plus rouge à chaque coup.

» Les pirates fameux de Parga, qui, naguère,

» Traînaient les pâles Francs esclaves dans leurs ports,

» Sur la rive laissant la rame et la galère,

» Ramèneront bientôt les captifs dans leurs forts.

» Je ne demande point de l'or et des richesses;

» Ce qu'achète le faible appartient aux soldats;

» Mon sabre va gagner l'épouse aux longues tresses;

» A sa mère il ravit la vierge de ses bras.

» J'aime la jeune fille avec son doux sourire ;

» Ses caresses, ses chants, embelliront mon sort.

» Qu'elle monte à sa chambre, en rapporte sa lyre,

» De son père vaincu qu'elle chante la mort.

» Du sac de Trévisa rappelez-vous la rage :

» Les cris et les sanglots remplissant la cité ;

» Les flammes sur les toits et le riche pillage ;

» Nous égorgions le riche et sauvions la beauté.

» La crainte, la pitié, j'en ris, — rien ne m'arrête ; —

» Qui sert notre visir les bannit de ses yeux.

» Le croissant n'a pas vu, depuis notre prophète,

» Plus grand qu'Ali-Pacha, notre chef glorieux.

» Son fils Mouctar se rend sur les bords du Danube;

» Devant son étendard pâlit le ghiaour;

» Le Moscovite, en vain, de plomb charge son tube :

» De Russes combien peu ramène le tambour.

» Sélictar donne au chef le glaive du carnage;

» Tambours, vos sons au loin promettent des combats;

» Montagnes, vos enfants descendent au rivage :

» Ils reviendront vainqueurs ou ne reviendront pas. »

Grèce! triste relique et gloire d'un autre âge,

Tombée et grande encor, qui pourrait désormais

Te rendre tes vertus; d'un si long esclavage,

Relevant tes enfants, t'affranchir à jamais.

Que ne ressemblent-ils, hélas! tes fils débiles,

A ces Grecs qui jadis, avec Léonidas,

Par un destin choisi, mouraient aux Thermopyles!

Qui, réveillant ces morts que protégeait Pallas,

Pourrait les rassembler aux bords de l'Eurotas.

Liberté, dont l'esprit sage et patriotique

Remplissait Trasybule et les siens à Phylé,

Pouvais-tu prévoir l'heure où de la verte Attique,

Les champs n'offriraient plus qu'un aspect désolé?

Trente tyrans alors faisaient porter leurs chaines;

Maintenant chaque rustre y commande hardiment;

Le Grec raille et n'a plus que des paroles vaines:

Il ne se lève pas, il craint le châtiment;

En lui, la crainte éteint tout noble sentiment.

Oh! qu'ils sont dégradés de leur noble origine,

Ces Grecs! Et qui, voyant le feu de leurs regards

Ne croirait ton rayon vivant dans leur poitrine,

O liberté perdue! Aussi, de toutes parts,

Ils rêvent un retour à des destins prospères;

Aux secours étrangers demandant, dans leur cœur,

L'héritage fameux qu'avaient laissé leurs pères;

Mais seuls, ils n'oseraient attaquer l'oppresseur,

Biffant leur nom souillé du livre de douleur.

Peuple, sache-le donc, esclave héréditaire!

Qui cherche à s'affranchir doit braver le canon;

La conquête est pour toi, c'est à toi de la faire,

Les Russes ou les Francs te sauveront-ils? Non.

Ils voudraient abaisser le pouvoir des despotes ;
Tu resterais soumise en triomphant par eux.
Frappez les ennemis, ombres des vieux Hilotes !
Grèce, à changer de fers tu bornes donc tes vœux !
Ton éclat est passé, mais non tes jours honteux.

On pourrait voir le Franc, qui fut son premier hôte,
Du sérail habiter l'impénétrable tour ;
On pourrait voir les Turcs, chassés de cette côte,
Perdre un jour la cité conquise au ghiaour ;
Les Vahabites qui, du tombeau du prophète,
Ont pillé les trésors, peuvent faire un chemin
De sang vers l'Occident, de conquête en conquête ;
Jamais la liberté n'habitera ton sein :
L'esclave de l'esclave y renaîtra sans fin.

Remarquez leur gaîté : le carême commence,
C'est le temps saint prescrit pour la contrition ;
L'homme priant, jeûnant et faisant pénitence,
Se lave du péché par l'absolution.

Le repentir se vêt de l'austère cilice;

Quelques jours de plaisir sont comme le signal;

Chacun en prend sa part, s'y livre avec délice :

Masqués et costumés, les uns allant au bal,

Et les autres courant le joyeux carnaval.

Plus que le tien, lequel est rempli de folie?

Stamboul, reine cité, conquise à leurs aïeux,

Où le turban des Turcs souille sainte Sophie!

Les Grecs de leurs autels ont détourné les yeux,

Hélas! de leurs malheurs on doit encor les plaindre :

Leurs pères autrefois étaient gais et goûtaient

Les plaisirs que leurs fils sont obligés de feindre.

J'ai vu ceux-ci : Leurs chants et leurs jeux éclataient,

Et les feux du Bosphore au ciel se reflétaient.

Les flambeaux scintillant sur les rives bruyantes;

Sans cesse la musique en charmait les échos;

On entendait le bruit des rames frémissantes,

Se mêlant en cadence au murmure des flots.

Souriait dans les cieux la reine des Marées,

Et lorsque sur la mer le vent soufflait, alors

Les vagues, aussitôt par Diane éclairées,

Dans leur lit se mouvant par de légers efforts

De leurs brillants reflets illuminaient les bords.

Glissait plus d'un caïc dans l'écume à cette heure ;

Les filles du pays sur la rive dansaient ;

Tous oubliaient aux jeux le repos, leur demeure,

Sous des yeux languissants bien des mains se pressaient,

Echangeant ces regards et se disant ces choses,

Epanchements heureux qui séduisent les cœurs.

Amour ! ô jeune amour ! dans tes liens de roses,

Quoi que, dans leur chagrin, répètent les censeurs,

Toi, toi seul, ici bas, rachètes nos douleurs.

Dans cette mascarade où la joie est si grande,

Ne se trouve-t-il point quelque regret amer,

D'hommes qui gardent mal un maintien de commande ?

A ceux-là, le murmure et les bruits de la mer

Sont comme les échos de leur secrète peine ;

A ceux-là, la gaîté des divertissements

N'inspire que dédain pour cette fête vaine.

Pourquoi, lorsque tout rit, pensent-ils par moments,

Que mieux vaut le linceul que ces ajustements.

Ceci, c'est ce qu'éprouve un vrai fils de la Grèce,

Si d'un seul patriote elle peut se vanter ;

Non de ceux qui, de guerre ici parlant sans cesse,

Se cachent dans la paix ; qui peuvent accoster

Sans rougir leurs tyrans, les flatter, leur sourire ;

Qui tiennent la faucille et non le glaive en main.

C'est qu'ils ont oublié, Grèce, il faut te le dire,

Leurs pères, ces héros, honneur du genre humain ;

Dégénérés, ces fils recueillent le dédain.

Quand Thèbes renaîtra sur ces désertes plaines,

Quand renaîtront les cœurs lacédémoniens,

Quand les arts charmeront tous les enfants d'Athènes,

Qu'enfin la Grèce aura pour fils des citoyens,

Vous la verrez alors rénaître de sa cendre.
Pour former un empire il faut mille ans et plus;
Une heure le détruit; et qui veut entreprendre
De rappeler plus tard les premières vertus,
Oppose au temps, au sort, des efforts superflus.

Belle dans la douleur, ton doux ciel te protége;
Des héros et des dieux, Grèce, autrefois séjour;
De vallons toujours verts, de monts couverts de neige,
La nature te pare encor avec amour.
Les temples, les autels qui couvraient ta surface,
De débris précieux jonchent maints lieux divers;
Le soc, en labourant, les découvre et les casse :
Monuments et grandeurs, tout subit ces revers,
Excepté la vertu que célèbrent les vers.

Sauf où l'on voit debout pleurer quelque colonne
Sur ses gisantes sœurs d'ordre corinthien,
Sauf Tritonie ornant le rocher de Colonne
Où sur les flots s'élève un temple aérien,

Sauf de quelque héros la tombe que décore
La pierre grise et l'herbe, on ne reconnaît pas
Ces restes oubliés bravant le temps encore;
L'étranger, seul ici, les cherche sur ses pas,
Et souvent, comme moi, rêveur, soupire, hélas!

Tes cieux encor sont bleus et tes rocs se hérissent;
Tes bois sont aussi doux, et tes champs aussi verts,
Et, comme sous Pallas, tes olives mûrissent;
L'hymète de son miel tient ses trésors ouverts,
Et l'abeille y bâtit toujours sa forteresse.
Apollon dore encor tes longs et chauds étés;
De Mendéli le marbre étincelle sans cesse;
La Grèce a tout perdu : gloire, arts et libertés,
Mais toujours la nature a les mêmes beautés.

Partout, ici, la terre est consacrée et sainte,
Et ton sol n'offre point de vulgaires aspects;
Royaume merveilleux des dieux et de la feinte,
Des Muses les récits n'y semblent point suspects.

Notre esprit se fatigue à contempler ces scènes
De rêves, qui jadis, ont charmé nos beaux jours,
Mêmes sont bien tes monts, tes coteaux et tes plaines,
Le pouvoir qui détruit les temples pour toujours
Epargnant Marathon, d'Athènes fond les tours.

Mêmes sont ton soleil et ton sol ; sauf l'esclave,
Tu n'es changée en rien qu'en ton maître étranger ;
Grande encor dans les fers, car ta gloire les brave.
Vois ce champ de bataille où tu sus te venger
Des Perses, succombant sous le glaive hellénique
Pour la première fois. Tel ce jour glorieux
Où, plus tard, Marathon devint un mot magique
Evoquant une armée, une bataille aux yeux,
Et des vaincus fuyant des vainqueurs furieux.

Sans flèches, l'arc brisé, s'enfuyait hors d'haleine
Le Mède que le Grec acharné poursuivait ;
Des monts jusqu'à la mer, on voyait sur la plaine
De front marcher la mort ; le carnage suivait.

Tel était le tableau dont l'âme était saisie.

Quels monuments voit-on de ce jour triomphal,

A la liberté chère et funeste à l'Asie?

Nul vestige ne reste en ce lieu sépulcral,

Qu'un rude étranger foule aux pieds de son cheval.

Séduit par tes splendeurs, ô terre du génie!

Longtemps les pèlerins chercheront tes climats;

Des voyageurs poussés par les vents d'Ionie,

Viendront voir ces vallons des chants et des combats.

Tes annales, ta langue, éclaireront sans cesse

Les rivages lointains où ta gloire sourit.

Orgueil de l'âge mûr, leçon de la jeunesse,

Un sage te vénère, un barde te chérit,

D'autant plus que Pallas anime leur esprit.

Aux pays étrangers le voyageur soupire,

S'il sait que sous son toit sont des amis rêveurs;

Qu'il y retourne donc, si son cœur le désire!

Que d'un sol sympathique il goûte les douceurs!

La Grèce n'est point gaie, il faut le reconnaître,

Le penseur y vivra cependant sans efforts;

Il y peut oublier les lieux qui l'ont vu naître,

De Delphes visitant les restes sur ces bords,

Et les champs où les Grecs et les Perses sont morts.

Que celui-là qui l'aime, approche cette terre,

Et, traversant en paix ce magique pays,

Epargne les autels; qu'une main téméraire

Ne défigure point ces précieux débris,

Reliques du passé, pieux témoins des âges.

N'insultez point aux lieux déchus de leur grandeur,

Et que votre pays échappe à ces outrages.

Que vous y prospériez, y goûtant la douceur

Des honnêtes plaisirs de l'esprit et du cœur.

Toi qui, sur ce poème as trop su te complaire,

Et qui, d'un chant sans gloire as prolongé le cours,

Ta Muse aura bientôt le sujet de se taire,

Aux plus sonores voix des bardes de nos jours.

Ne leur dispute point un laurier périssable;
Tu n'es point désireux de briller au grand jour :
Que te font la critique ou la louange aimable!
Et, puisque tes amis ont quitté ce séjour,
Qu'as-tu besoin de plaire où tu n'as plus d'amour.

Tu m'es aussi ravie, aimable bien-aimée!
La tendre affection qui t'unissait à moi,
Sourit plus qu'aucune autre à mon âme charmée;
Tu ne dédaignas point l'homme indigne de toi.
Que suis-je désormais, après t'avoir perdue!
Tu n'attendis donc point ici ton voyageur,
Qui pleure maintenant! O peine inattendue!
Je voudrais n'avoir pas connu notre bonheur,
Puisque je ne reviens que pour fuir la douleur.

O toujours bien-aimée, aimante autant qu'aimable,
Le chagrin malgré moi pèse sur le passé;
Mieux vaudrait oublier ta perte irréparable,
Mais ton doux souvenir ne peut être effacé.

Après m'avoir pris mère, ami, tes mains avides
Viennent de me ravir, ô mort! plus qu'un ami.
Tes flèches pour aucun n'ont volé si rapides,
Contre-temps de douleur, mon cœur mal affermi,
A perdu toute joie et ne vit qu'à demi.

Faut-il que, dans la foule, à présent je me plonge,
M'enfonçant où la paix dédaigne d'avancer;
Dans l'orgie au fou rire, étourdissant mensonge
Qui, contorsionnant la joue à grimacer,
D'un esprit sans vigueur augmente la faiblesse;
Où la fausse gaîté, prenant un masque vain,
Simule le plaisir, cache ce qui la blesse;
Où le sourire aux pleurs trace un futur chemin,
Et contracte une lèvre exprimant le dédain?

Quel malheur, parmi ceux dont gémit la vieillesse,
Creuse le plus la ride au front chargé d'ennuis?
C'est lorsque, nous quittant, un cœur ami nous laisse,
En ce monde isolé, comme à présent je suis.

Devant Dieu qui me frappe, humblement je m'incline

Sur ces restes si chers à mes regrets constants;

Insoucieux, coulez, jours d'espoir en ruine,

Puisque le sort cruel flétrit tous mes instants,

Et des maux d'un grand âge attriste mon printemps.

FIN.

TABLE.

	Pages.
A Sa Majesté l'Empereur Napoléon III.	
A Monsieur le Comte Louis De Cambacérès.	
Préface.	5
Prélude.	7
Préface de Marie-Magdeleine.	13
Marie Magdeleine.	17
A Monsieur J. Simonin.	79
Si j'avais à refaire.	82
Les Anges.	85
Réflexions sur les Anges.	89
Vierge du Ciel.	91
Le Bonheur.	95
Conseils aux Jeunes Gens.	99
La Prière	104
Hymne.	108
Aimez-vous.	111
La Jeune Fille.	116
A ma Femme.	119
La Providence.	121

	Pages.
A mes Amis.	124
Mon Testament.	127
Sur un Evangile.	134
Le Philosophe italique.	135
Commentaire sur le Philosophe italique.	139
Les Mondes.	144
Commentaire sur les Mondes.	149
A une jeune Musicienne.	151
Corinne.	154
La Coupe.	156
A Béranger.	158
Ch. Fourrier.	161
Napoléon.	165
L'Art de Fumer.	169
L'Argent et la Charité.	180
Ange exilé du Paradis.	186
Admiration.	189
Message.	190
On pense à vous.	191
Avertissement.	193
Préface.	194
Introduction.	197
Billet d'Adieu.	201
Consolation.	203

	Pages.
C'est l'Amitié.	205
Fragments divers.	208
Le Pèlerinage de Childe-Harold.	
Préface.	215
A Ianthe.	219
Chant I.	223
Chant II.	279

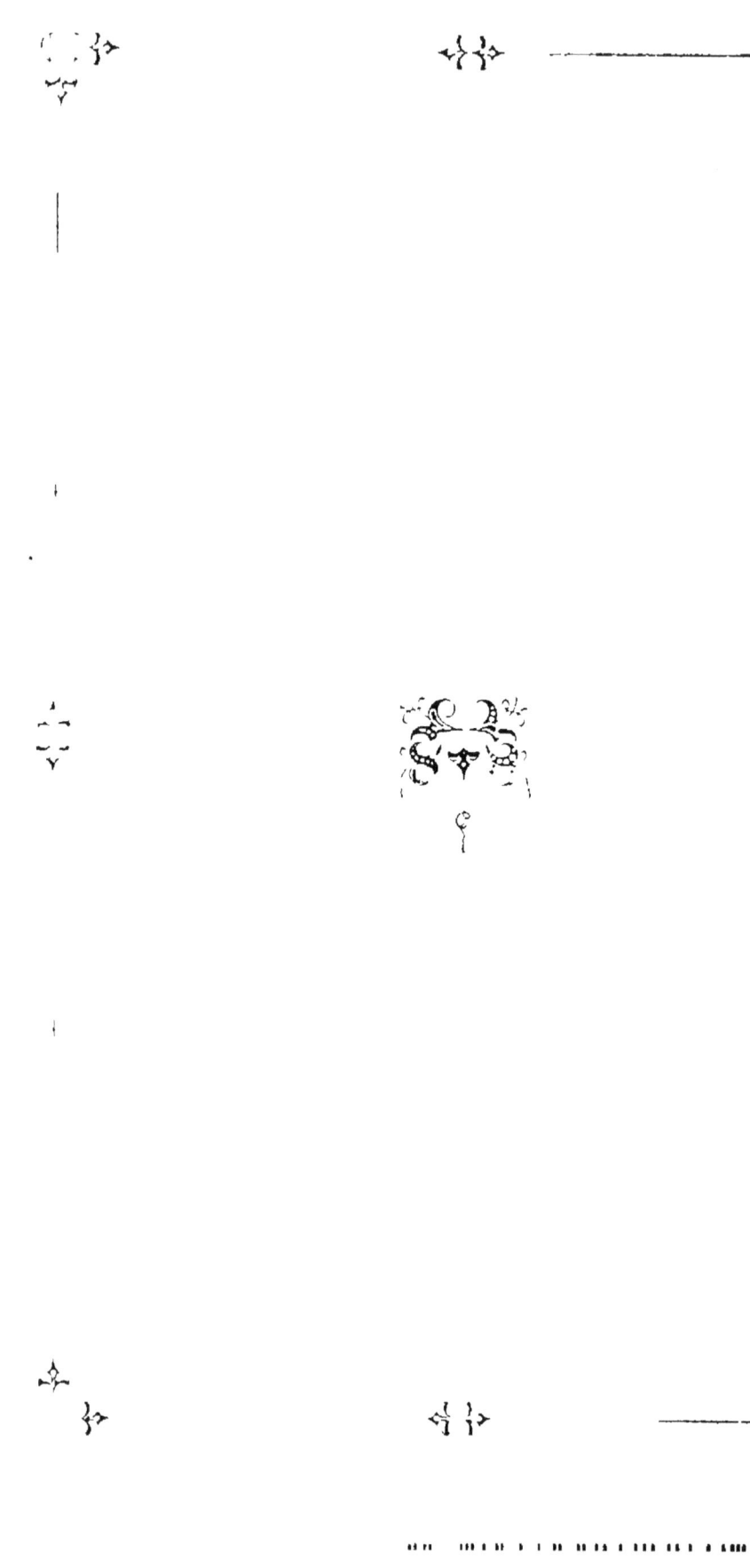